Letture per la scuola

Collana diretta da Aldo De Matteis

A chi sta per leggermi, con la speranza di essere riuscita a trasmettere attraverso la forza profetica dell'AMICIZIA, quei valori che animano i giovani protagonisti consapevoli di poter urlare al mondo dei potenti il loro desiderio di PACE.

g. b.

Gina Basso

Un fucile troppo grande

L'amicizia tra un ragazzo palestinese e due ragazzi israeliani nel Medio Oriente in fiamme

Apparato didattico a cura di Paola Cataldo

MARCO DERVA

Ristampe

6	5	4	3	2
2010	2009	2008	2007	

Loescher Editore S.r.l. opera con sistema qualità
certificato CERMET n. 1679-A
secondo la norma UNI EN ISO 9001-2000

Un ringraziamento particolare a Riccardo Medici
per la sua preziosa collaborazione.

Piano dell'opera e coordinamento editoriale: Aldo De Matteis
Redattore responsabile: Luciana Canavese
Fotocomposizione e impaginazione: Grafica Tre s.n.c. - Napoli

Stampa: Tipografia Gravinese - Torino

Capitolo 1

Una lezione particolare

– Ragazzi, che cos'è questo brusio? Un po' di silenzio, per cortesia – invoca Lina Morselli, la docente di lettere, intenta da più di cinque minuti a scrivere alla lavagna una poesia che ha portato da casa. Ma il brusio non si interrompe, perché il rimprovero è leggero, soft, come direbbe la Cesaretti, l'insegnante d'inglese.

La Terza C è una classe piuttosto turbolenta. Lo sa tutta la scuola, compreso il preside, e, in modo particolare, il povero Pasquale, il bidello di ieri, l'operatore scolastico di oggi. Ma Lina Morselli è l'unica a giustificare sempre i suoi ragazzi, che per lei, presi singolarmente, sono intelligenti e volenterosi.

– Ahi, che ti prende? Mi hai fatto male – piagnucola Niccolò, che si è quasi appisolato. – Sei schizzato? Mi vuoi dire perché mi hai dato una gomitata così forte?

– Svegliati, dài svegliati – lo incita Alessandro, il compagno di banco e amico di vita. – Vai a sciacquarti la faccia. Corri, corri... vai.

– Ma perché? – gli domanda Niccolò sbadigliando.

– Perché la prof ha quasi finito di scrivere e...

– Figurati se ha finito... Lasciami stare, Alessandro, per favore. Non ho chiuso occhio questa notte e non ho studiato. Se la prof mi vede troppo attento m'interroga, e allora sono fritto.

Niccolò rimette le braccia sul banco e riprende ad appisolarsi, incurante dei richiami, sommessi ma continui, del compagno, che è quasi sull'orlo di una crisi di nervi.

Alessandro gli dà di nuovo una gomitata. – Su, guarda un po' che aria tira ai primi banchi.

– Non vedo niente.

– Osserva, osserva bene la Chiarelli e la Marzocchi, le vedi? Sono là che aspettano solo il momento giusto per alzare la mano e farsi interrogare.

– Già. Hai proprio ragione. Sono smaniose di fare le prime della classe.

– Solo l'ape Maya[1] riesce a controllarle.

– Chi, la prof di matematica?

– Già. A proposito, ma perché, poveretta, l'abbiamo chiamata così? Non mi ricordo più.

– Perché va in giro su una Smart gialla e nera e porta sempre quella odiosa sciarpa dello stesso colore...

– Che ti ricorda una squadra che una volta ti piaceva, vero?

– Guarda che il Verona mi piace sempre. E poi non è quello il colore.

– Sst. Zitto. La Morselli ha finito.

– Ragazzi, e allora? Volete star tranquilli?

In quell'istante nella classe entra Pasquale, il bidello.

– Professoressa, professoressa! – grida, ansimando. – Non c'è bisogno di chiamare il tecnico. È contenta? Eh, professoressa? È contenta? Vero che è contenta professoressa?

Sopraffatta da quel diluvio di "professoressa", la docente sobbalza graffiando con un acuto "skreek" la lavagna.

– Pasquale, mi dica, cosa c'è? Cosa è successo di talmente importante da catapultarsi così all'improvviso?

Lo sguardo, insolitamente gelido, dell'insegnante, fa ammutolire il bidello che, nonostante sia alto, grosso e di mezz'età, è

---

1. *ape Maya*: personaggio creato dallo scrittore tedesco Wandelmar Bonsels, che scrisse il libro *L'ape Maya e le sue avventure*, tradotto in 28 lingue e da cui è stato tratto un cartone animato.

molto timido. Così l'uomo comincia a balbettare, suscitando come al solito le risate dei ragazzi:

– Ecco, pro...professoressa, ecco... volevo dirvi che la fo...fotocopiatrice... io ce l'ho faaa...tta a ri...pararla. Anche senza il te...tecnico.

– Grazie. Proprio adesso che ho finito di scrivere alla lavagna! Comunque, facciamo ugualmente delle fotocopie. Così i ragazzi possono portarsele a casa.

Pasquale non se lo fa ripetere ed esce sbattendo maldestramente la porta.

La Morselli è minuta, tanto da essere scambiata spesso per una delle tante ragazzine che frequentano la scuola. Si volta verso la classe e contempla con affetto la sua terribile Terza C: un branco di ragazze e ragazzi che adora e per i quali è sempre disposta, in consiglio dei professori, a trovare delle attenuanti.

– Allora, che ne dite? – domanda soddisfatta, spostandosi di lato per permettere alla classe di leggere quello che ha appena finito di scrivere alla lavagna:

"*Non voglio.*
Nel mio paese
non voglio
che i ribelli feriscano una spiga,
non voglio che un bambino qualsiasi
porti una bomba,
non voglio, no, non voglio,
che mia sorella prenda il fucile,
non voglio quello che volete voi...
ma che cosa farebbero i profeti
se i cavalli degli assassini
si abbeverassero dei loro occhi?

Non voglio, no, un bambino,
non voglio frutto di bombe

dal cuore dell'albero mio,
non voglio che dai rami
dei miei giardini si facciano forche,
non voglio nelle aiuole
forche di legno di rosa,
qui nella terra mia.
Non voglio quello che volete voi,
ma dopo il rogo del paese mio
e dei compagni miei
e della giovinezza,
come può il canto non farsi fucile?"

Nella classe non si sente volare una mosca. Lo sforzo dei ragazzi, per trovare qualcosa da dire qualora fossero interrogati proprio in quel momento, è quasi tangibile. Annalisa Chiarelli e Lucia Marzocchi, invece, tentano di attirare l'attenzione dell'insegnante.

– È bellissima prof. Chi l'ha scritta? – domanda interessata Lucia.

– Ora ne parleremo insieme. Chi di voi vuole commentarla?

Gli occhi espressivi di Lina Morselli calamitano gli sguardi di tutta la classe.

– Mi punta. Mi punta. Lo sento – bisbiglia preoccupato Alessandro, coprendosi la bocca.

– Alessandro, a te il primo commento.

Gli altri si lasciano sfuggire un bel sospiro di sollievo, che non sfugge alla docente. La donna, percorrendo il corridoio tra le due file di banchi, osserva i suoi ragazzi. Li osserva compiaciuta. Sa che la poesia darà adito a una lezione di interessante attualità.

– Allora, coraggio Alessandro – lo sprona la professoressa.

– Dirottati sul programma – gli suggerisce Niccolò.

– Scusi prof, ma a quest'ora non dovrebbe esserci storia?

– Non essere così rigoroso, Alessandro. Non è il caso. E poi, chi ti dice che questa poesia non contenga precisi riferimenti storici? Leggila bene. Ad alta voce. Vai.

– *Ahó, s'è scatenata. Preparamose che ce becca tutti* – è il commento di Pietro, che non risparmia i suoi interventi in vernacolo romanesco.

Alessandro legge, aggrottando la fronte a mo' di pensatore accigliato. Cerca di concentrarsi. Deve pur dire qualcosa.

– Allora... – inizia, schiarendosi la voce. – Risulta evidente, dal riferimento al bambino e alla rosa, che la poesia è stata scritta da una donna e... – per trovare ispirazione il ragazzo guarda verso i primi banchi.

Annalisa Chiarelli si morde le labbra e Lucia Marzocchi lo guarda con ironia.

– Una donna – riprende Alessandro. – Una donna che vive in campagna, perché nella poesia si parla di alberi... Una donna impegnata socialmente, che si pone il problema della guerra e del tempo che passa.

– Bene Alessandro. Grazie.

– Sono andato bene? – domanda eccitato il ragazzo.

– No. Non proprio, Alessandro. L'autore della poesia è Rashid Husayn. Un uomo. Un palestinese nato in Galilea e morto a New York nel 1980, a 36 anni, durante un incendio le cui cause non sono mai state chiarite. Era un traduttore dall'arabo e dall'ebraico.

– Perché andò a vivere negli Stati Uniti? – domanda Lucia.

– Perché nel 1967 fu sospeso dall'insegnamento. Dirigeva anche un giornale, che fu chiuso.

– Mi piacerebbe sapere qualcosa di più di lui. Lo cercherò su Internet – dice Lucia.

– Cosa vi colpisce di questa poesia?

– "Non voglio un bambino a dieci anni un eroe" – interviene decisa Annalisa. – C'è tutta la tragedia di una guerra terribile, che non lascia nulla di umano alle persone. Nemmeno l'infanzia. C'è la disperazione di un'infanzia negata...

– E i riferimenti alla spiga, agli alberi... che cosa vogliono significare?

– Forse che la vita normale è a portata di mano, nonostante tutto. Però è irraggiungibile – commenta ancora Annalisa.

– E poi c'è quel riferimento difficile ai profeti e ai cavalli – la interrompe Lucia.

– Secondo me, richiama la cultura orientale dell'autore. Non è così, prof? – domanda soddisfatta Annalisa.

– Sì. Brave ragazze. C'è qualcuno che sa segnalarmi almeno un fatto storico cui si riferisce la poesia? Alessandro ha ragione. A quest'ora dovremmo fare storia. E allora?

– L'*Intifada* – risponde Sonia Medici dall'ultimo banco, dove ha voluto relegarsi essendo una spilungona di un metro e ottantadue. – La poesia parla dell'*Intifada*.

– Quella ce la propina la Tv su tutti i telegiornali – sbotta Niccolò. – Dalla mattina a notte inoltrata. Mio fratello maggiore non perde un fotogramma.

– E tu vuoi fare l'intellettuale? Tu che stai incollato alla Tv per guardare solo lo sport – lo punzecchia Alessandro.

– Sei d'accordo con quanto ha detto la Medici, Niccolò? – chiede la professoressa Morselli.

Ma in quel momento il ragazzo si è lasciato distrarre, intento com'è a sorridere alla Medici, che trova molto carina. Con quei capelli rosso ambrato e l'ombelico scoperto come richiede l'ultima moda. "Peccato per quegli occhiali portati a punta di naso" pensa Niccolò. "Devo dirle di mettersi le lenti a contatto perché ha veramente degli occhi stupendi".

– Allora, Niccolò?... Niccolòoo? Pronto? Ci sei? – interviene simpaticamente la professoressa riportandolo alla realtà.

– Sì, sì, prof, cioè no. Non sono d'accordo con Sonia – afferma il ragazzo, e intanto pensa: "Tutto sommato, non è 'in' fare la corte a una compagna di classe. Quindi, non è necessario darle ragione per tenersela buona".

La Morselli si spazientisce e quindi si rivolge ad Alessandro:

– Tu sei d'accordo con la Medici?

Il ragazzo subito risponde: – La situazione sembra quella, prof, ma non lo è. Perché lei ha detto che l'autore Rashid Husayn è morto nel 1980, mentre l'*Intifada* è un fenomeno più recente.

– Bravo Alessandro – lo elogia l'insegnante, mentre Lucia Marzocchi, dal primo banco, si volta verso il compagno con occhi languidi (a lei piace Alessandro e non poco) e si complimenta.

– Allora, spiegaci cos'è l'*Intifada*, quando è iniziata... e a quali fatti, invece, si riferisce il poeta – riprende la professoressa.

– L'*Intifada* è una rivolta popolare dei Palestinesi, che è ancora in corso ai giorni nostri – spiega Alessandro con quell'aria sicura di chi sa di essere informato.

– Sai dirmi allora in che anno è iniziata?

– Eh, no – interviene Niccolò. – Come fa a rispondere? Sul libro di storia non c'è.

– Senti Niccolò, sto parlando con Alessandro. Lo so benissimo che nel libro non si parla di *Intifada*. E, proprio per questo, è importante che affrontiamo l'argomento insieme.

– Comunque, prof, non lo so – risponde Alessandro.

– È iniziata nel 1987 – spiega l'insegnante. – Prima che voi nasceste. E dopo la morte del poeta.

– E perciò il poeta si riferisce a qualcos'altro – interviene Lucia.

– Sì e no – risponde con un sospiro la docente. – *Intifada* in arabo significa "sollevazione", ed è il termine con cui viene definita l'insurrezione, esplosa il 9 dicembre 1987, nei territori palestinesi occupati dagli Israeliani vent'anni prima. Alla fine di una serie di guerre difensive, che videro contrapposto il neonato Stato ebraico alle potenze arabe regionali.

– Dal 1987 al 2004... sono 17 anni! – esclama Annalisa.

– Ma quale fu la causa che fece scoppiare l'insurrezione? – domanda Sonia.

– La scintilla che scatenò la prima *Intifada* fu la morte di quattro profughi arabi del campo di Jabaliya, nella Striscia di Gaza.

– Uccisi da chi?

– Dagli Israelani, immagino, vero prof? – domanda Pietro.

– Non proprio. Furono travolti da un camion israeliano.

– Travolti da un camion israeliano?

– Ha detto profughi, prof? – chiede Sonia.

– Sì. Moltissimi arabi, in seguito alla nascita dello Stato di Israele, il 14 maggio 1948, e alle guerre che ne seguirono, dovettero abbandonare le loro case. E ancora oggi vivono in campi profughi, più o meno provvisori.

– Comunque non a casa loro – interviene Alessandro.

– Certo. Ed è sintomatico dell'esasperazione provocata il fatto che l'incidente sia stato percepito come un atto di deliberata volontà di uccidere da parte del conducente israeliano.

– Ma ha dell'incredibile! È bastato un incidente automobilistico per scatenare una guerriglia che dura da 17 anni? – commenta Lucia.

– La guerriglia, in verità, era già iniziata dal 1981 – precisa l'nsegnante. – Comunque, a quei funerali parteciparono quattromila persone, che diedero vita a una manifestazione di protesta. La polizia israeliana aprì il fuoco uccidendo due giovani e ferendone decine di altri. Si cominciò così a scrivere un tragico copione: funerali, manifestazioni, eccidi da una parte e dall'altra. E poi ancora eccidi e funerali negli anni a seguire.

– Ma come scoppiò? Voglio dire, ci fu anche lì un Balilla?

– Ma cosa ti salta in mente, Alessandro?

– Lascialo finire, Niccolò – gli impone la donna. – È giusto, vai avanti, Alessandro.

– Balilla, il ragazzo che nel 1746 accese la prima scintilla dell'"insurrezione" che cacciò gli Austriaci da Genova, durante la guerra di successione austriaca – recita Alessandro alla professoressa, visibilmente compiaciuta.

– Non ci ricordiamo cosa successe – la classe lo esorta a continuare.

– Successe – continua lusingato Alessandro – che un grosso mortaio, trascinato da alcuni soldati austriaci, era affondato nel fango di una via popolare di Genova. A quel punto, gli Austriaci si videro persi e imposero con arroganza alla folla presente di essere aiutati. Il ragazzo, cioè Balilla, rispose scagliando un sasso. Il suo gesto fu imitato. Cominciò, così, una fitta sassaiola, che costrinse i soldati a fuggire.

Gli applausi di tutta la classe, il silenzio ammirato dei compagni e i complimenti della professoressa Morselli lo fanno arrossire e, come al solito, balbettare.

– La storia mi... mi... pia...piace molto.

– È un paragone che potrebbe essere preso in considerazione. Lo approfondiremo insieme. Comunque l'*Intifada* – prosegue l'insegnante, felice dell'attenzione che le prestano tutti i ragazzi – è segno della ribellione che la gente covava da tempo.

– Per forza, dopo un'occupazione che non è ancora finita, non ne possono più – commenta Annalisa.

– I Palestinesi non si rassegnarono e non si rassegnano neppure oggi a una convivenza forzata. La poesia, infatti, che risale a diversi anni prima, descrive proprio questo sentimento. La creazione dello Stato d'Israele in Palestina, all'inizio, innalzò il livello di vita dei Palestinesi. I quali, per la prima volta nella loro storia, vennero a contatto con le istituzioni di uno stato moderno.

– E poi? Perché degenerò tutto in una guerra? – domanda Alessandro.

– Per le difficoltà di rassegnarsi a una convivenza imposta con le armi. E poi, comunque, non dimentichiamoci degli atti terroristici inferti da organizzazioni palestinesi, in Israele e ovunque nel mondo – continua l'insegnante.

– Come alle Olimpiadi del 1972. Vero prof? Quando terroristi palestinesi uccisero atleti israeliani. Ho visto uno speciale del Tg l'estate scorsa. Si temevano nuovi attentati anche durante le Olimpiadi di Atene di quest'anno.

– Sì, Alessandro. D'altro canto la creazione dello Stato israeliano ha costretto all'esilio molti Palestinesi, che hanno dovuto lasciare le loro terre per far posto, appunto, agli Israeliani.

– E così diventò sempre più dura – commenta Lucia.

– Sì. Con arresti, persecuzioni, brutalità di ogni genere e da entrambe le parti – osserva con amarezza la Morselli.

– Ma perché gli Israeliani hanno occupato la Palestina? – domanda Niccolò.

– E perché quella gente è sempre in guerra? – chiede Lucia.

– E proprio nella terra di Gesù – aggiunge Annalisa.

– È una storia lunga. Vi ricordate? Furono i Romani di Tito, nel 70 d. C., dopo una rivolta, a radere al suolo Gerusalemme e a vendere come schiavi gli Ebrei. Da allora il popolo ebraico, privato di una propria terra, si è disperso per il mondo, dando così vita alla cosiddetta "diaspora". Tuttavia, gli Ebrei non assimilarono mai le regole e le usanze delle popolazioni con le quali si trovarono a convivere.

– Vuol dire che mantenevano intatte le loro tradizioni? – le domanda Annalisa.

– Sì, con tenacia. Per questo furono sempre guardati con sospetto, rinchiusi in parti della città a loro dedicate, chiamate "ghetti". E spesso venivano perseguitati. Gli Europei, inoltre, non si limitarono a chiuderli nei ghetti che, oltretutto, venivano assaliti e saccheggiati ogni volta che se ne trovava il pretesto. Il re di Spagna, nel '500, scacciò tutti gli Ebrei dalla penisola Iberica.

– Senza contare quello che fece Hitler – interviene Pietro.

– Già. Hitler volle tentare la “soluzione finale” nei territori occupati dal suo Reich[2]... Gli Ebrei vennero internati nei campi di sterminio.

– Dove ne morirono sei milioni.

– Se Hitler non fosse stato sconfitto, ora non ci sarebbero più Ebrei in Europa...

– Di’ pure nel mondo, Miriam – conclude la docente.

– Dovrebbero leggere tutti il *Diario di Anna Frank*[3] – bisbiglia Miriam e rabbrividisce.

– Dopo la seconda guerra mondiale – riprende Lina Morselli – molti Ebrei non si fidavano più degli Europei e desideravano andare nella Palestina, occupata, allora, dagli Inglesi. Là, infatti, da alcuni decenni un movimento sionista sempre più forte stava cercando di far nascere uno Stato ebraico.

– Con il consenso degli Inglesi? – chiede Sonia Medici.

– In un primo momento l’Inghilterra era stata favorevole a questo progetto, poi ebbe paura di attirarsi le ostilità delle popolazioni arabe e si oppose.

– Ma quella gente cercava solo un posto per vivere in pace – replica Miriam, il cui nonno, sopravvissuto allo sterminio nazista, le ha raccontato tutta la storia del popolo ebreo.

– Sì, è vero, ma mettetevi nei panni dei Palestinesi – chiarisce la Morselli. – Erano decine e decine di migliaia gli Israeliani che volevano trasferirsi in Palestina.

– Per forza gli Arabi erano preoccupati... – osserva Alessandro.

– E gli Inglesi continuavano a opporsi al progetto? – interviene Gaia Pagano, una ragazzina molto graziosa.

---

2. *Reich*: impero, regno o altra forma di governo dello Stato tedesco.
3. *Diario di Anna Frank*: famoso libro scritto da Anne Frank (1929-45), giovane ragazza di famiglia ebrea tedesca che, rifugiatasi ad Amsterdam negli anni dell’occupazione nazista, per due anni visse nascosta con i suoi in una stanza murata, dove scrisse il *Diario*.

– Sì. Tanto che, alla fine, gli Ebrei commisero addirittura atti terroristici contro gli Inglesi.

– Come i Palestinesi oggi – commenta sottovoce Miriam.

– Davvero? Sembra quasi impossibile – osserva Gaia.

– E dopo?

– Alla fine si arrivò a una risoluzione dell'Onu, che decretò, nel 1948, la spartizione della Palestina in due Stati, uno ebraico e uno arabo – spiega la professoressa. – Gli Ebrei subito proclamarono lo Stato d'Israele. Si profilava così l'esodo per molti Palestinesi, che avrebbero dovuto lasciare le loro terre per far posto a Israele. Ma la cosa più grave, per gli Arabi, era che uno Stato non arabo, e chiaramente filobritannico, occupasse una zona strategica del Medio Oriente. La soluzione non piacque nemmeno ai leader ebrei, che ritenevano di essere gli unici ad avere il diritto di fondare uno Stato nella ex Palestina, e rifiutavano quindi l'idea di convivere con uno Stato arabo...

– Mi scusi se la interrompo, prof – interviene Annalisa Chiarelli – ma vorrei sapere qualcosa della *Lega araba*.

– Ci stavo per arrivare – risponde l'insegnante. – Infatti, vari stati arabi, seguendo una chiara ispirazione anticoloniale e antisionista, cioè antiebraica, rafforzarono un'alleanza già fondata nel 1945, la cosiddetta Lega araba. Date queste premesse, la guerra fu inevitabile. Israele, sentendosi minacciata, e forte dei suoi più efficienti armamenti e della sua migliore preparazione militare, promosse varie guerre preventive. Una di queste, nel 1967, portò alla conquista di vari territori arabi: il Sinai, la "striscia", cioè la fascia costiera, di Gaza, la Cisgiordania, le alture del Golan e una fascia del Libano a ridosso dei confini israeliani. E anche la parte orientale di Gerusalemme.

– Prof, io sento sempre parlare di una situazione ingarbugliata riguardo a Gerusalemme – è Lucia, questa volta a intervenire – ma non ho capito molto in proposito.

– Sì, è vero, ho dimenticato di dirvi che, nel 1949, l'Onu aveva diviso la città in due parti, una ebrea e l'altra araba. Ma nel 1967, appunto, gli Israeliani occuparono la parte araba, riunificarono Gerusalemme e, senza riconoscimento internazionale, la proclamarono capitale del loro Stato.

– Ma mi pare che c'è stata ancora una guerra dopo quella del 1967 – questa volta l'interruzione proviene dalla Medici.

– Sì, ci fu nel 1973, quando Siria ed Egitto aggredirono Israele per riconquistare i territori occupati. Anche allora Israele ebbe il sopravvento, ma poi, ancora una volta, intervenne l'Onu a imporre il cessate il fuoco.

– Ma perché non si riesce a mettere d'accordo tutti? Perché non si firma una vera pace, che metta fine agli attentati, alle invasioni israeliane, agli eccidi? – domanda quasi eccitato Alessandro.

– Vedi, Alessandro – spiega la docente – ci sono stati vari armistizi, vari processi di tregua, e i rapporti di Israele con altri stati arabi, soprattutto Egitto e Giordania, sono migliorati. Israele ha anche restituito il Sinai all'Egitto e si è ritirata dal Libano. Ma i problemi sono molti e di difficile soluzione, perché nessuna delle due parti vuole cedere. Ci sono gli estremisti israeliani e quelli palestinesi che soffiano sul fuoco e rifiutano la pace. C'è il problema di Gerusalemme, che entrambi i contendenti vorrebbero come loro capitale, c'è quello dei "profughi", cioè dei palestinesi che vivono in campi, in attesa di ricevere una terra e un'abitazione. C'è poi la questione di far nascere concretamente uno Stato palestinese con territorio e leggi proprie, riconosciute da Israele, come c'è quella che riguarda Israele, che chiede il riconoscimento di tutti gli arabi ad accettare lo Stato d'Israele in Palestina. E ci sono tanti altri problemi di cui parleremo in seguito. – Lina Morselli fa una piccola pausa, poi aggiunge: – Dovremo parlarne a fondo, perché c'è una sorpresa per voi.

– Wow[4]! Quale sorpresa prof?

– *Annamo* tutti in Palestina per Natale? *A noi nun ce fermano manco le bombe. Ce la portamo noi la pace...* – esulta Pietro.

– Non si scherza su queste cose Pietro – lo rimprovera dolcemente la Morselli. – Della sorpresa, anzi delle sorprese, perché saranno più di una, vi parlerò domani. Intanto cercate di rileggere la poesia e di mettere per scritto le vostre riflessioni.

Lo squillo della campanella mette fine alla interessante e insolita lezione.

4. *wow*: interiezione usata per esprimere entusiasmo, soddisfazione.

Scheda di verifica

🕮 IL TESTO

1. *Accanto a ciascuna frase del 1° gruppo scrivi il numero della frase del 2° gruppo, che completa correttamente il periodo.*

1° GRUPPO

a. La prima *Intifada* si scatena ☐

b. Durante la guerra di successione, i cittadini di Genova costringono i soldati austriaci a una ritirata, ☐

c. Il popolo ebraico si è disperso per il mondo, dando vita alla cosiddetta "diaspora", ☐

d. Gli Ebrei proclamano lo Stato d'Israele in seguito a una risoluzione dell'Onu, ☐

e. Non accettando che Israele occupi una zona strategica del Medio Oriente, i vari stati arabi, seguendo una chiara ispirazione antiebraica ☐

f. Dopo che l'Onu, nel 1949, ha diviso la città di Gerusalemme in due parti, una ebrea e l'altra araba, ☐

g. In seguito a vari armistizi e processi di tregua, ☐

2° GRUPPO

1. dopo che i Romani di Tito, nel 70 d. C., radono al suolo Gerusalemme e vendono gli Ebrei come schiavi.
2. gli Israeliani occupano la parte araba, riunificano Gerusalemme e la proclamano capitale del loro Stato.
3. rafforzano un'alleanza già fondata nel 1945, la cosiddetta *Lega araba.*
4. in seguito alla morte di quattro profughi arabi.
5. che decreta la spartizione della Palestina in due Stati.
6. i rapporti di Israele con altri Stati arabi, soprattutto Egitto e Giordania, migliorano.
7. in seguito al "bombardamento" di sassi provocato da un ragazzo.

I PERSONAGGI

2. *Per ciascuno dei personaggi elencati in tabella attribuisci la caratteristica che lo contraddistingue.*

Personaggio	Caratterisatica
Alessandro	....
Niccolò	....
Lucia	....
Annalisa	....
Sonia	....
Miriam	....
Pasquale	....
Lina Morselli	....

3. *Durante la lezione della professoressa Morselli i ragazzi intervengono con domande e riflessioni. Scrivi il nome del personaggio che più ti ha colpito, indicando in quale particolare momento della lezione si è distinto e perché.*

Personaggio ....

Si è distinto quando ....

....

Perché ....

....

I LUOGHI E L'AMBIENTE

4. *Rileggendo il capitolo, prova a elencare i motivi che hanno dato origine al conflitto fra Palestinesi e Israeliani, e le fasi del conflitto stesso.*

Motivi

....

....

....

....

....

....

....

....

Fasi

....

....

....

....

....

....

....

....

LA PRODUZIONE

– Prima di leggere la lezione tenuta dalla professoressa Morselli, conoscevi già la storia che ha dato origine al conflitto fra Israeliani e Palestinesi? Se sì, qual è la tua opinione riguardo a questa difficile situazione? Se no, ritieni che quanto spiegato nel capitolo ti abbia aiutato a capire meglio la questione del Medio Oriente, o ci sono altri punti oscuri in cui vorresti delucidazioni? Quali?

Capitolo 2

Croce, kippàh *e* chador

– Sono proprio curioso di sapere a che cosa si riferiva la prof, quando ieri ha parlato di sorprese – dice Annalisa.

– Mah, speriamo bene – commenta Lucia.

– Comunque sia, si finirà con un ennesimo compito in classe – interviene Niccolò.

– O da svolgere a casa! Come il commento di ieri su quella poesia – aggiunge Alessandro.

– Però che noia la Morselli! Parla sempre dei Palestinesi!

– Può darsi, Miriam, ma se lo faccio è perché è importante.

La professoressa è comparsa alle spalle dei quattro ragazzi e ha sentito i loro discorsi, che l'hanno profondamente colpita. Sa che in questi giorni sta affrontando con loro un tema difficile, e si pone il problema di fornire ai ragazzi tutte le informazioni che possono essere utili a farsi una propria opinione. Senza pregiudizi. Senza partiti presi.

– Prof, chiedo scusa – si giustifica Miriam.

– Bene, entriamo in classe con gli altri, così vi dirò quale sarà la sorpresa e poi faremo una bella lezione in cui si parlerà di musulmani, Ebrei e cristiani.

– Anche degli Ebrei? Bene – commenta Miriam.

– Prof, per favore... l'ora di religione l'abbiamo già fatta questa settimana!

– Niccolò! Non ti ci mettere anche tu adesso. Su, andate a posto e cercate di stare attenti.

Detto questo la docente raggiunge la cattedra, mentre tutti prendono posto ai banchi. Sulla lavagna la poesia di Rashid Husayn è stata cancellata. Ma Pasquale, previdente, ha lasciato sulla cattedra alcune copie del testo, per gli studenti che l'avessero dimenticato a casa. C'è anche un biglietto per la professoressa.

– Avete visto Pasquale? – bisbiglia Annalisa a Lucia e a Miriam, che le sono vicine. – Com'è solerte quando si tratta della Morselli! E poi le ha anche lasciato un biglietto!

– Cosa? – esclamano le ragazze.

– Ma non vedete come le fa il filo? Le fa il filo, le fa il filo. Ve lo dico io.

– Ma dài – sbotta Lucia. – Lui non è un insegnante. Non ha nessuna speranza. La prof non accetterebbe mai la sua corte.

– Ragazze, ragazze! – interviene Alessandro. – Guardate che io ho sbirciato... il biglietto. Spiega solo che ha lasciato qualche copia della poesia, visto che ha dovuto cancellare la lavagna.

– Ah, che attenzione squisita! – commenta Annalisa.

– Comunque non si sa nulla della vita privata della Morselli – osserva Miriam. – Avrà un ragazzo? Che tipo sarà? E perché non è mai venuto a prenderla all'uscita della scuola?

L'inizio della lezione tronca ogni possibilità di ulteriori approfondimenti sull'argomento.

– Allora ragazzi. Volete sapere qual è la sorpresa?

La risposta è un coro di "sì".

– La nostra scuola è stata scelta per la realizzazione di un programma di scambi interculturali con il Medio Oriente. Dovremo ospitare alcuni ragazzi israeliani e palestinesi. È solo una tra le molte iniziative in corso per tentare di costruire, laggiù, una pace duratura.

– Per evitare che tutto il mondo diventi un'enorme polveriera, vero prof? – dice Lucia.

– Proprio così. E questi incontri ci permetteranno di conoscere meglio gli extracomunitari che ci sono in Italia e, quindi, di integrarci più facilmente con loro. Solo conoscendo a fondo i loro problemi e la loro fede, riusciremo a convivere insieme.

– Ma anche loro devono conoscere la nostra! – osserva Miriam.

– Questo è vero. E questi programmi di scambi culturali tra ragazzi di paesi e religioni diversi servono proprio a questo – afferma l'insegnante. – E sapete qual è il primo passo?

– Imparare tutto quello che si può sulla loro religione – dice soddisfatta la Chiarelli, convinta di aver azzeccato la risposta giusta.

– No, Annalisa.

– Come no, prof? Allora il programma a cosa serve?

– Il programma e le lezioni che stiamo facendo in questi giorni sono occasioni di approfondimento. Ma la prima cosa da fare per prepararsi a convivere con persone di tradizioni diverse dalla nostra, sapete qual è?

– Prof, siamo tutto orecchi per saperlo – esclama Pietro, che ha volutamente abbandonato la sua pronuncia romanesca.

– Allora, per realizzare una vera convivenza, un dialogo da pari a pari, dobbiamo prima di tutto avere ben chiari quali sono i contenuti della nostra religione. E poi bisogna combattere con ogni mezzo l'intolleranza religiosa.

– Ma noi la nostra religione la conosciamo bene... il Natale, l'Epifania... – ribatte Niccolò. – Sta a vedere che adesso che vengono questi, dobbiamo rinunciare al Natale.

– *Manco pe' gnente* – gli fa eco Pietro.

– Non rinuncerete a niente. Per ora mi basta che teniate a mente questo: la presenza dei migranti, la necessità di vivere in un mondo dove i moderni mezzi tecnologici annullano le distanze, la guerra a ogni tipo di violenza e di sopraffazioni, le ferme riprovazioni del terrorismo, che attacca chiunque e dovunque. Tutto questo rende necessario porsi delle domande e dei dubbi su tante situazioni che prima potevano essere date per scontate.

– Come la presenza del crocifisso in classe! – dice Gaia Pagano.

– E il divieto, in Francia, di presentarsi a scuola con quel velo nero in testa... come si chiama... il *chador*[1] – aggiunge Miriam.

– Sì. Allora, se non vogliamo essere travolti dai problemi, l'unico modo è conoscere. Sapere prima di tutto cosa sta alle radici delle nostre tradizioni e abitudini. Cosa le rende preziose e degne di essere conosciute. Poi, cercare di imparare il più possibile su quelle degli altri. Per capire cosa c'è di diverso e, soprattutto, cosa c'è di uguale. E lavorare su questi concetti per fondare una convivenza pacifica e in grado di arricchirci tutti.

– Prof, cosa sappiamo dei ragazzi che verranno?

– Quanti sono?

– Sono tutti palestinesi?

– Ora che ci penso... Pasquale ha gli occhi neri, è scuro di capelli – sussurra Miriam ad Annalisa. – Potrebbe essere un Palestinese!

– Ma dài!

– Sì. Il fidanzato palestinese segreto della prof potrebbe essere lui! Per questo lei parla sempre del Medio Oriente.

– Se è per quello, Pasquale ha anche un naso aquilino da Ebreo – commenta Annalisa.

– La volete smettere con queste stupidaggini? – interviene severa Lucia. Poi si rivolge alla professoressa:

– Prof, ci parli di questi ragazzi.

– Sono ragazzi della vostra età. Sono come voi. Solo che hanno la sfortuna di vivere in una terra dove da decenni non esiste la pace. Nella nostra classe ne verranno tre: due maschi e una femmina.

1. *chador*: lungo velo nero che copre la testa e il volto, lasciando scoperti gli occhi. Tradizionalmente indossato dalle donne di religione islamica.

– Che bello, anche una ragazza! Così *je faccio vede' Roma* – esclama euforico Pietro.

– Sì, Pietro, assieme a tutta la classe. Comunque ho insistito con gli organizzatori per ottenere che i nostri tre ospiti appartengano ciascuno a una religione diversa. I ragazzi sono un ebreo, Jonathan, e un musulmano, Alì. La ragazza, Cristina, invece, è cristiana cattolica ed è cugina di Jonathan. Suo padre è italiano.

– Quindi lei non indosserà il *chador*? – domanda lo sprovveduto Pietro.

– No. Invece può darsi che Jonathan porti la *kippàh*, che è un copricapo, una specie di berrettino circolare piccolo e senza visiera, che l'uomo ebreo porta sempre durante le cerimonie religiose nella sinagoga. Ma che spesso indossa anche fuori.

– Ho capito. È una specie di papalina. Come quella dei vescovi e dei papi – afferma Lucia.

– Sta' a vedere che adesso si scopre che i vescovi sono tutti Ebrei – interviene il solito Pietro.

– E perché la portano? – domanda Annalisa quasi gridando, per sottolineare che le interruzioni dei compagni sono poco opportune.

– È una loro tradizione – spiega la Morselli. – La *kippàh* rappresenta la protezione di Dio su ciascuno. Inoltre gli Ebrei attribuiscono alla *kippàh* anche il significato di porre un limite all'orgoglio. È un segno tangibile del fatto che le possibilità dell'uomo sono limitate. E serve, infine, a ricordare che è dovere di tutti amare Dio e il prossimo.

– Io ho visto alla Tv che le donne musulmane portano una specie di lenzuolo che le copre fino ai piedi – osserva Lucia.

– Sì, quello è il *burqua* – spiega l'insegnante. – Lo abbiamo visto spesso nelle immagini dall'Afghanistan e dai paesi del Golfo. Copre tutto il corpo.

– Come fa, prof, a sapere tutte queste cose?

– È perché ha il fidanzato palestinese... – osa bisbigliare Niccolò.

– Leggo, leggo molto. E studio. Cosa che dovreste fare anche voi. Ma torniamo a parlare delle donne e del *chador*.

– Sì. Ma a vederle fanno impressione, sembrano delle prigioniere. Tutte uguali – commenta Sonia.

– Una cosa è il velo, un'altra è la condizione della donna – puntualizza l'insegnante. – Ciò che scandalizza del velo è che spesso, in una società dove i valori moderni non sono ancora accettati, si accompagna a una condizione femminile che è molto gravosa...

– Gravosa in che senso?

– Per esempio, assoluta sottomissione agli uomini, nessuna possibilità di studiare o di avere l'indipendenza economica...

– Però anche la Vergine Maria è velata – ricorda Annalisa.

– Sì. In generale le sante cristiane vengono sempre raffigurate con il capo coperto, così come le nostre suore. Un po' come facevano, fino a poco tempo fa, le nostre nonne in meridione. E così come hanno sempre fatto le donne in Medio Oriente. Questo dovrebbe ricordarci che la nostra religione ha avuto origine negli stessi luoghi in cui sono nate le altre principali religioni monoteiste. Il velo ha, comunque, un significato di pudore, di modestia. E poi, perché no, protegge da condizioni climatiche estreme, di caldo e di freddo. Che non sono infrequenti negli aridi paesi del Medio Oriente.

– Ma allora perché in Francia l'hanno vietato?

– Non è così semplice spiegarvelo...

– Ma, prof, se non ce le spiega lei certe cose, chi *ce le po' spiegà*? – interviene Pietro, insolitamente attento a una lezione del genere.

– Va bene. Ci proverò. Dunque, spesso l'appartenenza religiosa all'Islam, che si manifesta con simboli come il *burqua*, che negano i valori di uguaglianza fra donna e uomo, viene vissuta con disagio. Il *chador*, per esempio, che sia un segno di appartenenza religiosa o un semplice costume tradizionale, che sia imposto con la forza dai familiari o adottato con gioia dalle donne, è vissuto da molti di noi come rivendicazione aggressiva della loro diversità dalla società laica o dalla tradizione cristiana. Io penso che alle radici della decisione francese, oltre a tanti altri motivi, ci sia proprio questo. Sono stata chiara?

– Mah... io ci ho capito poco – commenta Pietro.

– A me è successo di provare irritazione per i musulmani dopo aver sentito alla Tv le notizie di attentati commessi dai loro correligionari.

– È una reazione comprensibile la tua, Niccolò. È importante che tu te ne sia reso conto. Però, devi evitare di fare di ogni erba un fascio, e non devi dimenticare che anche le rappresaglie israeliane seminano morte.

In quel momento qualcuno bussa delicatamente alla porta della classe.

– Chi sarà? Non può essere il ciclone Pasquale – dice Lucia.

– Non saranno mica già arrivati? – si domanda Miriam.

La porta si apre e, fra la sorpresa generale, entra suor Margherita, l'insegnante di religione.

– Buongiorno ragazzi.

Un coro di "ciao suor Margherita" la accoglie festosamente. La suora rivolge ai ragazzi il suo dolcissimo sorriso e, con passo leggero, raggiunge la Morselli. È giovane suor Margherita e, per quanto somigli fisicamente alla sua collega, anche lei piccola e tondetta, quando la raggiunge alla cattedra, la differenza fra le due è evidente. L'abito nero della giovane suora contrasta con la maglietta arcobaleno e il gilè boliviano coloratissimo della Morselli, che è allegra e solare, mentre la suora è serena e dolce.

– Allora, ragazzi – ripete la Morselli – oggi vi ho dato qualche nozione sul significato della *kippàh* e del *chador*. Chiederemo ai nostri nuovi amici altri particolari. Ma dobbiamo parlare anche del simbolo della nostra religione, la croce. E per questo ho voluto chiedere aiuto a chi può farlo in modo più preciso ed esauriente di me, suor Margherita.

– E adesso sorbiamoci pure 'sta lezione di religione – bisbiglia il solito Pietro.

– Oggi avete parlato dei simboli delle altre religioni. E della croce cosa mi dite? – li interroga suor Margherita.

– È il segno del sacrificio di Cristo – afferma Lucia.

– Da qualche parte ho letto che è il simbolo del trascendente sull'immanente. Ma non so che vuol dire – esclama Alessandro.

– Ma che razza di intellettuale sei! – dice qualcuno, ridendo.

– Dovete pensare, ragazzi, che l'antico testamento prevedeva diversi tipi di condanna a morte – inizia suor Margherita, passeggiando davanti alla lavagna e guardando i ragazzi. – E fra questi non era contemplata la crocifissione. Quindi, per gli Ebrei morire sulla croce era una duplice umiliazione. Subivano un'esecuzione da un occupante vincitore e, per giunta, con modalità non previste dalla legge.

– Ho visto tante volte, nei film, la passione di Gesù, anche l'ultimo, quello di Mel Gibson, girato a Matera. Quanto dolore! Che sofferenza terribile! – racconta Sonia Medici.

– Era un supplizio molto diffuso? – domanda Annalisa.

– Purtroppo sì. Sulla croce morirono migliaia di Ebrei e di Cristiani. È grazie al sacrificio di Cristo che la croce è diventata un simbolo importante: "la follia del messaggio" per dirla con san Paolo. Il messaggio di Cristo è rivoluzionario. Provate a pensare: Lui sostituisce a tutte le leggi preesistenti la legge dell'amore e dell'uguaglianza tra gli uomini. "Ama il prossimo tuo come te stesso" è un comandamento prodigioso, se si pensa che venne pronunciato in un'epoca in cui c'era ancora la schiavitù. C'erano tabù persino sui cibi da mangiare. E le donne erano in tutto sottomesse agli uomini. La croce è segno inaudito di questo messaggio profondamente nuovo, e, per questo, profondamente rivoluzionario.

– Boh, io continuo a non capirci un'acca – commenta Pietro. – Ma che significa esattamente? *Ce l'ha da spiega'*, suor Margherita.

– La croce è la negazione della morte. È la porta della resurrezione. La croce, che per un giorno ha martoriato un corpo giovane e perfetto e poi si è vuotata per sempre. Pensate a quale meraviglioso tragitto ha compiuto la croce. Da patibolo a simbolo di trionfo della vita sulla morte, issato sui luoghi di culto. È un simbolo che la Pasqua ha vuotato per sempre del suo significato di dolore e di angoscia, per trasformarlo nel "trampolino di lancio" dell'umanità intera verso il suo Creatore. Verso l'amore. Verso la libertà. Verso la giustizia.

Suor Margherita parla con enfasi rapita. Ma la passione, quasi tangibile, che mette nelle sue parole, viene maldestramente interrotta. È Pasquale, che entra in classe con un'espressione seria e preoccupata.

– Che c'è Pasquale? Che cosa è successo? – gli domanda la Morselli.

– Prof, ci hanno telefonato dal ministero. C'è stato un attentato in Israele. Non si sa quando i ragazzi potranno partire.

Scheda di verifica

🕮 IL TESTO

1. *Ricostruisci la trama del capitolo, completando i seguenti periodi.*

– Miriam si scusa con la professoressa Morselli, quando ....
....

– Vedendo che Pasquale ha lasciato un biglietto sulla scrivania della Morselli, Annalisa crede che il bidello ....
....

– L'insegnante comunica ai ragazzi che la loro scuola è stata scelta ....
....

– Niccolò teme che l'incontro con ragazzi che hanno un credo religioso diverso dal suo possa ....
....

– I tre ragazzi, che saranno ospiti nella loro scuola per tre settimane, appartengono ciascuno a una religione diversa, e cioè ....
....

– La professoressa Morselli spiega che il motivo per cui in Francia hanno vietato l'uso del velo islamico è dovuto alla convinzione che tale simbolo possa rappresentare ....
....

– Suor Margherita, l'insegnante di religione, viene invitata dalla professoressa Morselli ....
....

– Pasquale irrompe nell'aula e comunica ....
....

I PERSONAGGI

2. *Attribuisci a ciascuno dei personaggi elencati l'aggettivo più appropriato, scegliendolo fra quelli che ti suggeriamo.*

polemico, imbarazzato, premuroso, solerte, pettegolo, saccente, diligente, simpatico, antipatico, inopportuno, allegro, sornione

Alessandro .... Annalisa ....

Niccolò .... Lina Morselli ....

Pietro .... Suor Margherita ....

Miriam .... Pasquale ....

I LUOGHI E L'AMBIENTE

3. *Riassumi brevemente il significato dei tre simboli religiosi.*

Croce	***Kippàh***	***Chador***
....	....	....
....	....	....
....	....	....
....	....	....
....	....	....
....	....	....
....	....	....
....	....	....

LA PRODUZIONE

– La scuola dei ragazzi è stata scelta per la realizzazione di un programma di scambi interculturali con il Medio Oriente. Che cosa pensi di questa iniziativa? Ti piacerebbe esserne coinvolto personalmente? Quali vantaggi e quali eventuali problemi potrebbero derivare da una convivenza con culture così diverse dalla nostra?

Capitolo 3

Un fucile troppo grande

– Nooooo... ho detto noooo! – urla Alì, indispettito dalla prepotenza di Karim, il fratello maggiore, mentre tenta, con tutte le forze, di divincolarsi dalla sua presa.

– Dài, prendi questo fucile, lo devi accettare.

– No. Io non ho bisogno di lui.

– Oh, eccome ne avrai bisogno, caro fratello – insiste Karim.

– Non senti il bisogno di vendicare i nostri morti? – interviene Abuh, l'altro fratello. – Non pensi alla morte di nostro padre?

Anche gli amici cercano di persuaderlo.

– Vedrai, Alì, non te ne pentirai. Sarà come un amico. E soprattutto sarà utilissimo.

– Non ho bisogno di amici così – si schernisce Alì.

– Solo con lui potrai sentirti grande – dice Kaled, l'amico del cuore.

– Sarò grande quando ne avrò l'età. Non ora.

– Ma ora potresti esserlo per Allah – insiste Kaled.

– Non dovete, non potete piegarmi alla vostra volontà.

– È Allah che lo vuole – riprende Abuh. – Non puoi ribellarti a lui. Allah è grande. Non te lo perdonerebbe mai.

– Alì, sei un infame – lo rimprovera Kaled, subito ripreso da Karim, che vorrebbe pestarlo per l'ingiuria tanto grave.

– Non vuole affatto essere un'offesa – si difende Kaled – ma semplicemente un incitamento ad accettare.

– Non ti preoccupare. A mio fratello ci penso io – aggiunge Karim, convinto di esserci già riuscito.

Alì cerca di frugare tra i suoi pensieri per cercarne uno cui aggrapparsi e convincerli a desistere dal loro proposito.

– Ha solo bisogno di tempo – prosegue Karim.

– No. Neanche col tempo riuscirete a piegare la mia volontà.

– Staremo a vedere – rispondono all'unisono Karim e Abuh.

– Alì, analizziamo la nostra vita, il nostro futuro. Rifletti – il più colto del gruppo, Abdul, interviene per la prima volta. – Metà dei nostri fratelli del villaggio sono morti. Molti sono rimasti invalidi. Altri ancora si trovano nei campi profughi.

– Qualche volta i morti sono i più fortunati – commenta Alì.

– Noi è da quando abbiamo undici anni, e anche meno, che combattiamo e uccidiamo gli "infedeli" – continua Abdul. – E sul terreno restano anche i nostri amici e fratelli. Lo hai dimenticato, Alì?

– No. È proprio perché non l'ho dimenticato che non voglio assecondarvi.

– È una guerra Alì. È una guerra. Non è come leggerla su un libro – insiste Abdul.

– Basta. Basta! Io non credo più a questa guerra – Alì urla la sua disperazione.

– Sei impazzito? A cosa credi allora? – gli si rivoltano tutti contro.

– Credo nella preghiera e nel dialogo...

– Ti sta dando di volta il cervello?

– Per me è proprio impazzito.

– Meriterebbe una lezione.

– Sì. Meriterebbe una bella lezione.

– Non vi permettete di torcergli un capello. Capito? Guai a chi ci prova – esplode di rabbia Karim.

– Vi chiedo perdono – Alì ha le lacrime che, a stento, riesce a trattenere. – Credetemi, il fucile è quasi più grande di me. Non ce la faccio.

– Provaci, Alì. Te l'ho detto. È un amico apposta per te, per noi. Per tutti i ragazzi che lottano per avere la loro terra – sentenzia ancora Karim.

– Ma come ve lo devo far capire che sono contrario alla lotta fatta con le armi?

– Ma chi ti ha messo in testa questa fesseria, eh? – lo rimprovera ancora Karim.

Alì, prima di rispondere, li fissa negli occhi a uno a uno e, sicuro di ciò che sta per dire, sentenzia:

– Nel Corano è scritto che dobbiamo lavorare, che dobbiamo risolvere da soli i nostri problemi. Che dobbiamo sudare, penare.

– Sì, ma il Corano dice anche che dobbiamo glorificare Allah – aggiunge Wahid, il più religioso tra loro, che è stato in silenzio fino a quel momento.

– Il profeta Maometto piangerebbe se sentisse tutti i richiami, le grida e le preghiere nel suo nome – interviene Sultan, il fratello di Wahid, che si è appena unito al gruppo. – Per rimettere in piedi il nostro Paese non serve a nulla prostrarsi fino a toccare terra con la testa. Tutto quello che sappiamo fare, noi Palestinesi, è gridare, pregare, combattere. Ma le preghiere non valgono nulla se la gente non lavora. E non possiamo aspettare la misericordia di Allah.

– Ma tu bestemmi – si ribella Abuh.

– Sei più pazzo di Alì – aggiunge Wahid.

– Ascoltate – interviene risoluto Karim. – Non dimenticate mai che il Corano dice: "Insegui l'ebreo e uccidilo. La roccia e il cespuglio che lo nascondono, lo denunceranno".

– Penso che nessuno di noi abbia dimenticato l'ultimo attentato – aggiunge Abuh. – I ragazzi arabi immobilizzati a terra dai poliziotti israeliani. Ma oggi ci è andata meglio. Oggi ci siamo vendicati.

Alì tace. Sa a che cosa si riferisce Abuh. E allora pensa a quanto è accaduto nell'ultima mezz'ora. La notizia di un nuovo attentato a Tel Aviv ha raggiunto lui e gli altri ragazzi all'uscita della scuola, a Betlemme, nei territori occupati. È stata subito una festa. Alcuni hanno improvvisato passi di danza, altri hanno cantato a squarciagola. Tutti hanno urlato: *Allah akbar!* Sia ringraziato Allah. Poi si sono aggiunti altri ragazzi con le notizie più fresche, e tutti, davanti alla facciata sbrecciata della scuola, hanno commentato esultanti:

– Due martiri! Due martiri! Si sono fatti scoppiare alla fermata dell'autobus...

– Quanti ne hanno uccisi?

– Molti, molti. Non si sa ancora quanti!

– Si sono fatti scoppiare uno dopo l'altro.

– Il primo ha aspettato che alla fermata ci fosse molta gente e poi... buum!... Ha così vendicato i nostri padri falcidiati nell'ultima incursione israeliana.

– Un martire di Allah!

– Allah è grande!

– E il secondo?

– Il secondo si è tenuto in disparte. È stato a guardare mentre arrivavano le autoambulanze. Si è unito alla gente che correva per raccogliere i feriti. E, quando si è radunata una folla di soccorritori, ha fatto scoppiare la bomba!

Anche Alì ha urlato le lodi ad Allah. Ma le ha ripetute una sola volta.

– Due martiri ci hanno vendicato – dice ancora Abuh.

– Ma ora arriveranno – urla Alì. – Arriveranno per vendicarsi... Cosa succederà ancora?

– Che vengano! Siamo pronti ad accoglierli.

A grappoli, i ragazzi si allontanano dalla scuola per cercare nelle strade sconnesse, nella terra incolta, pietre, vetri, rottami... tutto quello che può essere lanciato contro i soldati israeliani che, come sempre accade dopo un attentato, irromperanno per vendicarsi sul suolo palestinese.

– Ma questa volta faremo di più – dice infuriato Karim. – Seguitemi.

Il passaparola degli studenti è fulmineo. Karim, chissà come, si è procurato dei fucili. E ora vuole che i ragazzi li usino. O che imparino a usarli per prepararsi a ogni evenienza.

– Capisci ora, Alì, perché la nostra idea è giusta?

– No. Un'idea non è necessariamente giusta solo perché degli uomini muoiono per difenderla – sostiene Alì.

– Io mi sono preso una fucilata – Wahid, con fierezza, si sfila la maglietta mostrando un profondo sfregio sulla spalla sinistra. – È un odio che si rinnova ogni volta che sento una fitta alla spalla, e si centuplica quando vedo amici che si ostinano a non seguirci. Come fai tu, Alì.

– Vi seguirei se non portaste tutti quel maledetto fucile, che vi ostinate a considerare un "amico".

– Odiamo gli Ebrei e amiamo la Palestina. E questo fucile ci aiuta a vivere e a morire per la nostra terra. – Karim tiene il fucile orizzontale. Quasi alla ricerca di un "infedele" anche tra loro.

Alì ha lo sguardo sconvolto, gli occhi spauriti, il volto madido di sudore.

– È troppo, troppo grande per me.

– No, vedrai, è giusto anche per te. Imbraccialo. Così, guarda.

E Karim dà la prima lezione al fratello.

– È troppo ciò che volete da me – si rifiuta Alì.

– Insomma, ti vuoi convincere sì o no che è necessario? – insiste Karim.

– È Allah che lo vuole – ripete Abuh.

– Ma io non sono responsabile.

– Sì, Alì. Sei responsabile come siamo responsabili tutti in questa guerra. E, come tutti noi, non hai libertà di scelta.

– Forse è un codardo, un cacasotto.

– Hai paura di morire, vero? Ammettilo.

– Guardate come trema.

– Ma lo sai che stai per diventare martire? Te lo ripeto ancora, Alì, quello che facciamo lo vuole Allah, per la nostra giusta causa. È morendo che Allah ci spalanca le porte del paradiso. E la morte non ci spaventa.

– Siamo tutti votati al martirio.

– Gli Israeliani dovranno pagare per tutti i crimini che hanno commesso contro di noi.

Alì continua a tremare.

– Lo volete capire sì o no, che io non ho paura di morire?

– Ah, no? E allora perché tremi così, eh?

– Ho paura di uccidere e io non voglio, non voglio. Non posso uccidere! – urla disperatamente Alì. – Karim, Karim! Cerca di capire. Proprio adesso che posso andare in Italia per una settimana. Voglio vedere com'è il mondo fuori di qui!

– Non c'è mondo oltre la Palestina – grida Karim.

– Porta con te una bomba. Fai scoppiare un po' di "infedeli"! – gli fa eco Kaled.

– Quei programmi di scambi culturali sono un'invenzione sionista! – continua Karim.

– Per indebolire la gioventù palestinese – sottolinea Kaled.

– No, Alì. Tu non andrai in Italia – dice Karim.

– Fratelli, fratelli... ragazzi... guardate... guardate!

Con un fragore assordante, un enorme carro armato travolge l'intera facciata di una casa e irrompe sulla strada. I ragazzi fuggono in tutte le direzioni. Si mettono al sicuro dietro ai muretti che circondano giardini rinsecchiti, dietro gli angoli crivellati di pallottole, dietro le carcasse delle auto. E spiano cosa sta succedendo. Dietro il carro armato sciamano alcuni blindati che bloccano la strada e vomitano un nugolo di soldati che si dirigono verso una porta.

– Guardate, gli Israeliani hanno già scoperto qual è la famiglia di uno dei due martiri!

I soldati trascinano fuori della casa, poco più di un cubo di mattoni imbiancato di calce, un vecchio, due bambine e una donna. La donna si lamenta, stringendo in grembo un fagotto con dentro chissà cosa. Il vecchio inciampa e cade nella polvere. I soldati lo alzano di peso e lo trascinano via. Dalla casa si sentono delle urla. Una ragazza si precipita fuori. Dà calci e pugni ai soldati, che rispondono alle percosse strattonandola. Nella collutazione le strappano di dosso il velo e lo gettano a terra con disprezzo. Alì e Kaled, poco distanti, assistono alla scena.

– Fanno sempre così. Distruggono la casa della famiglia dei martiri – commenta Kaled.

– Che ne sarà di quella gente?

– Qualcuno di noi farà scoppiare un'altra bomba. Magari in un ristorante o in una discoteca. E loro distruggeranno altre case e schiacceranno altre famiglie.

– E di noi, di noi che ne sarà?

I blindati si rimettono in moto. I soldati pattugliano la strada. Da dietro la carcassa di un'auto parte una fitta sassaiola. Si sente uno sparo. Poi un altro ancora. I blindati ruggiscono e cominciano a correre su e giù per la strada. Altri spari.

Sultan mette una mano sulla spalla di Alì e gli fa cenno di fuggire. Corrono a perdifiato nel dedalo di vicoli, poi per i campi. Poi ancora nelle strade. Alì ora si ritrova solo. Non saprebbe dire quando si è separato da Sultan e da Kaled. Né dove sono finiti i suoi fratelli, Abuh e Karim. Forse sono là, in mezzo alla battaglia a comportarsi da eroi. Forse a morire.

La voce del *muezzin*[1], che invita alla preghiera, lo fa genuflettere nella sua disperazione.

---

1. *muezzin*: nelle moschee islamiche, persona che, dalla torre annessa alla moschea (*minareto*), invita nelle ore prescelte i fedeli alla preghiera.

Scheda di verifica

🕮 IL TESTO

1. *Indica con una crocetta la risposta che ritieni esatta.*

– Quando Kaled rimprovera Alì per convincerlo ad accettare il fucile, Karim

❑ gli si rivolta contro e dice che al fratello ci pensa lui;

❑ lo riprende e lo accusa a sua volta di essere un infame;

❑ lo prende a botte per l'ingiuria rivolta al fratello.

– Quando i fratelli e gli amici dicono ad Alì che deve combattere per uccidere gli "infedeli", il ragazzo risponde che

❑ lo farà non appena avrà l'età giusta;

❑ lo farà per vendicare la morte dei "fratelli";

❑ non lo farà, perché non crede più nella guerra.

– Quando è giunta la notizia di un attentato a Tel Aviv, i ragazzi

❑ si sono prostrati al suolo e hanno ringraziato Allah;

❑ sono subito scappati nelle loro case per il timore di una rappresaglia;

❑ hanno esultato cantando a squarciagola e improvvisando passi di danza.

– Per affrontare i soldati israeliani, i ragazzi palestinesi si armano con

❑ fucili e pistole;

❑ fucili e mitragliatrici;

❑ pietre, vetri, rottami e qualche fucile.

– Per vendicarsi dell'attentato subìto, i soldati israeliani

❑ individuano e arrestano subito i due "martiri";

❑ individuano la loro casa e la distruggono;

❑ arrestano la famiglia dei due "martiri".

I PERSONAGGI

2. *I fratelli e gli amici di Alì vogliono convincerlo a combattere e a sacrificarsi per la gloria di Allah. Scrivi nella tabella le motivazioni che adducono gli uni e le ragioni dell'altro.*

Le motivazioni degli altri	Le ragioni di Alì
....	....
....	....
....	....
....	....
....	....

3. *Scrivi le reazioni di Karim nelle situazioni che ti proponiamo.*

– Quando Kaled insulta Alì ....

....

– Quando tutti si rivoltano contro Alì ....

....

– Quando Alì dice che vuole andare in Italia ....

....

LA PRODUZIONE

– A seguito delle sue convinzioni, Alì si rifiuta di imbracciare il fucile. Ma i compagni lo insultano e c'è chi addirittura vorrebbe dargli una dura lezione.
  Che cosa pensi dell'atteggiamento di Alì e delle reazioni dei suoi compagni?

– Alì dichiara di non credere più nella guerra e nella lotta fatta con le armi. Per lui sono più importanti la preghiera e il dialogo.
  Conoscendo i motivi che sono all'origine del conflitto fra Israele e Palestina, cosa pensi della dichiarazione di Alì?

Capitolo 4

Una lezione da non dimenticare

Il giorno dopo, alle otto in punto del mattino, al canto dell'inno nazionale palestinese, i ragazzi si ritrovano tutti insieme per raggiungere il campo scuola, a pochi chilometri dal villaggio. Guida la loro marcia, scandita dal ritmo dell'inno, Hussan, un uomo corpulento, dallo sguardo torvo. Karim gli fa da assistente e cammina al suo fianco. Alì è l'ultimo della fila. Li segue controvoglia.

Sono sereni e sorridenti come se stessero andando a giocare una partita di football. Poveri, poverissimi, ma traboccanti di illusioni. Hanno un'unica certezza: conoscono il loro destino, Allah li aspetta.

Nablus, la città dove i ragazzi sono diretti per essere addestrati al "martirio", è demolita dai carri armati e dai bulldozer israeliani. La strada per il campo sembra quella per l'inferno, bloccata com'è da macerie, da pali della luce divelti, da dozzine di automobili sventrate, trivellata di grossi buchi. Dappertutto vetri e macerie. E montagne di mattoni pronti per la prossima *Intifada*. Gli edifici che non sono crollati hanno il tetto sfondato e le mura perforate dai razzi.

Alcuni bambini giocano tra le rovine di una casa senza finestre, in mezzo ai muri diroccati. Alcuni cani randagi, consunti e scheletrici, gironzolano loro attorno in attesa di un boccone. Immondizie dappertutto. E pensare che una volta era una città vibrante di vita. Ora è solo macerie e mendicanti. Mendicanti accucciati a ogni angolo, coperti di stracci, le mani luride tese verso i passanti. Bambini dalle facce emaciate e tristi, che ripetono come una litania "pane, pane".

Alì li osserva. Ha una stretta al cuore.

"Prima o poi la pace ci sarà" è il suo pensiero dominante. Ne è sicuro. Anche se al momento può sembrare il contrario. Pensa all'Italia, Alì. Al viaggio che si è guadagnato partecipando a un concorso con un suo scritto sulla pace. Desidera andarsene da quella guerra. Ma, nello stesso tempo, ha paura di trovarsi tra gli "infedeli". Chissà cosa gli capiterà quando sarà tra loro.

"Mano destra fra caricatore e grilletto... Caricatore... Grilletto... Caricatore... Grilletto... Fuocooooo! Caricatore... Grilletto... Fuocoooo!" Alì comincia a sudare.

In lontananza, i monti gialli e verdi della Giudea, contrastano con il grigiore dei fucili sulle spalle di quei ragazzi, che non conoscono la spensieratezza della loro età. Un'adolescenza vissuta all'insegna di un fanatismo religioso che annulla il piacere di qualsiasi sentimento. Alì agisce come un automa e osserva i compagni, sapendo che, prima o poi, toccherà anche a lui. Ripete a se stesso che non è giusto, che non dovrebbe fare certe cose. Ma ecco sovrapporsi ai suoi pensieri la voce ferma e implorante del padre: "La fortuna di noi Palestinesi è che amiamo la morte, tanto quanto gli Israeliani amano la vita. Quindi noi abbiamo solo paura di vivere, mai di morire. E tu, Alì, diventerai un 'martire'. Il tuo martirio sarà la nostra forza. E solo quando il grande Allah ti accoglierà in paradiso, io sarò un padre felice e le mie lacrime saranno di gioia".

"Ma come è possibile che mio padre abbia desiderato la mia morte... che mi abbia chiesto di sacrificare la mia vita ad Allah per diventare un martire!" Alì si tormenta ancora a questo pensiero.

E le parole del padre tornano a farsi sentire nella sua mente: "Anche tuo cugino si è fatto saltare in aria per la gloria di Allah. È il tuo martirio, il martirio di tutti i ragazzi come te, che ci riscatterà dalle umiliazioni che ci infliggono gli Israeliani. È la volontà di Allah. Solo se noi riusciremo ad applicare fino in fondo i suoi insegnamenti lui ci libererà dagli Israeliani. Vedrai, i nostri martiri ci indicano il cammino. Vai. Fai il tuo dovere, anche se dovrai ucciderne tanti".

Alì si ottura gli orecchi come se il padre gli stesse urlando quelle mortali incitazioni anche in quel momento. E riflette sul fatto che la madre la pensa allo stesso modo del marito, anche se non lo dice, anche se il padre dei suoi figli ormai è morto, per volere di Allah.

Intanto, la lezione continua:

– Evitare che vi ammazzino può significare dover sparare per primi. Dico a te, Alì. Si può sapere perché sei così distratto? – gli domanda Hussan. – Di che cosa stavo parlando? Rispondi!

– Di mio padre che...

Una fragorosa risata lo risveglia dai suoi incubi.

– Basta! – urla Hussan sull'orlo di una crisi isterica.

Alì si scuote e dice: – Perdonatemi.

– Bene, fammi vedere come imbracci il fucile.

Il ragazzo, a malincuore e con riluttanza, tenta di appoggiare il fucile sulla spalla.

– Non così, Alì. Spostalo leggermente. Ecco. Così. Bravo. Ora puoi sentirti grande.

"Mai potrei crescere con un fucile in mano" pensa Alì.

– E quando arrivi sul bersaglio, non devi assolutamente esitare. Sei lì e devi completare la tua missione: andare avanti. Siete tutti d'accordo?

– Sììì! Aspettiamo quel momento. Tutti! – quasi un coro fa eco alle parole dell'istruttore.

– E adesso io, invece, aspetto le vostre domande.

Karim, per primo, alza una mano per parlare.

– Dimmi Karim.

– Come possiamo creare delle esplosioni potenti?

– Con dei fusti di petrolio – risponde Hussan. – Naturalmente vuoti. Li imbottiamo di esplosivo, accendiamo la miccia e...

– E magari lo facciamo rotolare giù dal muro[1] – dice Kaled.

– Bravo! – si complimenta il capo. – È un'idea attuabile. La strategia dell'azione è piuttosto semplice: si tratta di praticare una breccia nel muro.

– E li rintroniamo di brutto.

– Poi li teniamo sotto tiro – suggerisce Abuh. – Raggiungiamo il varco del muro e...

– Questa mi sembra un'impresa più pericolosa e più difficile – afferma l'istruttore. – Bisogna organizzarla bene.

– E le bombe incendiarie? Come possiamo costruircele? – domanda Kaled.

Il capo spiega per mezz'ora, in un "botta e risposta" che ha già ripetuto decine di volte ad altri ragazzi, come costruire bombe, dove collocarle per fare il massimo danno possibile, come sfuggire ai controlli. Come appostarsi dietro le finestre e sui tetti per sparare ai soldati.

Alì, che non ha seguito con attenzione ciò che l'uomo ha appena finito di dire, tiene l'arma tra le mani che gli tremano. A un tratto punta il fucile in aria e, gridando *Allah akbar*, "Allah è grande", spara. Il terrore che gli si legge in faccia, per alcuni istanti lo lascia tramortito, con gli occhi chiusi. Mentre tutti lo applaudono gridando: – Bravo! Hai vinto la paura!

Alì ringrazia Allah e lo prega di lasciarlo vivere "per salutare ogni alba, rallegrandosi di essere sopravvissuto alla notte". La voce impetuosa di Hussan lo riporta alla cruda realtà.

---

1. *muro*: il riferimento è al muro alto dieci metri, di cemento e filo spinato, che gli Israeliani hanno cominciato a innalzare tra Israele e i territori occupati, muro che penetra in profondità nei territori stessi, provocando lo smembramento e l'isolamento di intere comunità di Palestinesi. La costruzione del muro è stata biasimata dall'Onu, ma è, secondo il governo israeliano, un'opera fondamentale di difesa e

diretta a porre fine alle stragi di civili nelle città israeliane.

– Bene, ora sei pronto per andare a colpire gli "infedeli".

Alì lo guarda senza avere la forza di reagire. Teme che ora gli impediranno di partire per l'Italia. Eppure ha visto, a scuola, il suo biglietto aereo già pronto per il grande viaggio. Sarebbe già in volo se non fosse stato per l'attentato del giorno prima.

– Intanto, puoi andare in Italia – proclama Hussan.

– Davvero posso? – sorride incredulo Alì.

– Sì. Abbiamo discusso con tuo fratello Karim se era il caso che tu andassi all'aeroporto per colpire lì gli "infedeli". Ma poi abbiamo pensato che potrai esserci più utile incontrando ragazzi israeliani. Impara le loro abitudini, e, quando occorrerà, fingi pure di essere uno di loro. Fatti molti amici. Così che un giorno potrai passare i confini senza destare troppi sospetti. Trovati una ragazza fra loro, e fai il romantico con lei. Sarà la tua migliore alleata quando avrai bisogno di agire. Cerca di scoprire i loro punti deboli e torna a riferirci. È questa, per ora, la tua missione. Lo farai?

Alì guarda Hussan. Ha talmente paura che non riesce a rispondergli.

– Lo farai? – chiede anche Karim.

Hussan si fa avanti e appoggia le mani sulle spalle di Alì, fissandolo diritto negli occhi.

– Lo farò – risponde infine Alì.

– Bene – riprende il capo. – E adesso, fucili in spalla e via allo "spiazzo".

I ragazzi, obbedienti come tanti soldati, si dispongono in fila, pronti per la marcia, intonando come sempre l'inno nazionale.

"Lo spiazzo", visto da lontano, potrebbe sembrare un qualsiasi mercatino delle pulci. In realtà, gli unici oggetti esposti sono vecchie armi. Allineati con cura, come se fosse merce preziosa, spiccano fucili, mitragliatrici, pistole, lanciagranate, scatoloni pieni di proiettili e bombe a mano. E ancora cartucciere, elmetti, e tutto quanto le centinaia di ragazzini incoscienti, capeggiati da uomini disperati, riescono a raccattare nei campi e nelle trincee.

Poco distante dal gruppo, Alì osserva una fila di mitragliatrici: "Sono bocche di morte di fronte alla vita. È terribile. Ma io sparerò contro il nulla. Amo la Palestina quanto loro... Ma penso che la guerra andrebbe combattuta anche con il cuore".

Il ragazzo si aggira tra le bancarelle del mercato, dimentico del suo gruppo. Ha la mente in subbuglio: "La pace... La speranza... La guerra... La guerra che scatena gli istinti peggiori. E in gioco pare che non ci sia solo la vittoria, ma l'eliminazione di uno dei due popoli. O noi o gli Israeliani. Ma questo non può, non deve accadere. Prima o poi la pace ci sarà. Io non posso usare un'arma per uccidere, per mutilare, per torturare. Neppure nel nome di Allah. Perché Allah non può volere questo. Uccidere senza pietà bambini, donne, anziani... E non sono un vigliacco, un traditore, un cacasotto come pensano loro. No. Mai. Mai. Mai! Allah mi è testimone".

Alì vorrebbe scappare. Via da tutto ciò che gli dà dolore. Ma dove? Dove? Potrebbe capitargli di correre lontano dalla morte, così come potrebbe capitargli di andarle incontro.

Scheda di verifica

🕮 IL TESTO

1. *Con l'aiuto dei termini sottoelencati ricostruisci gli episodi del capitolo che hai appena letto.*

1. mattino - ragazzi - inno nazionale - Hussan - campo scuola

....

....

....

2. città - addestrati - macerie - immondizia - mendicanti

....

....

....

3. lezione - Alì - padre - martire - Allah

....

....

....

4. Alì - fucile - applausi - Hussan - missione

....

....

....

5. spiazzo - armi - Alì - bancarelle - pensieri

....

....

....

I PERSONAGGI

2. *Completa la scheda di Hussan.*

– Qual è il suo aspetto fisico? ....

....

– Qual è il suo ruolo? ....

....

– Per quale motivo concede ad Alì di partire per l'Italia? ....

....

I LUOGHI E L'AMBIENTE

3. *Descrivi il paesaggio che si offre agli occhi di Alì e dei suoi compagni mentre marciano per raggiungere il luogo in cui vengono addestrati per il "martirio".*

....

....

....

....

....

LA PRODUZIONE

– "*Ma come è possibile che mio padre abbia desiderato la mia morte... che mi abbia chiesto di sacrificare la mia vita ad Allah per diventare un martire!*"
Prova a dare una risposta al pensiero che tormenta Alì.

– Ragazzini che vengono addestrati alla guerra, al "martirio". Ragazzini che non conoscono la spensieratezza. Il loro unico scopo è quello di sacrificare la vita per la loro terra. La loro unica certezza è quella di guadagnarsi, con la morte, il paradiso.
Esprimi il tuo pensiero su questa tragica filosofia di vita.

Capitolo 5

Nella notte, l'inferno

C'era da aspettarselo. Alì lo sapeva. Tutto il villaggio sapeva che sarebbero tornati.

È mezzanotte. Il momento del silenzio più assoluto. Un silenzio al quale, subito dopo, succede un fragore immenso e confuso che rimbomba di strada in strada. Sono cominciate le ispezioni domiciliari. I soldati israeliani bussano con impeto a tutte le case, abbattendo le porte che non si aprono e muovendosi rapidi tra le sagome delle abitazioni ancora intatte. Pianti strazianti di bambini. Urla di donne.

– Mamma, sono già qui – sussurra Alì mentre Nuvola, la sua cagnetta, una bastardina che aveva trovato per strada e che non lo aveva più lasciato, comincia ad abbaiare.

– Apri la porta Alì, così non la sfondano. Dove sono i tuoi fratelli?

– Nascosti nella botola, con Kaled e Wahid.

– Che Allah li protegga.

Non c'è acqua corrente, non c'è elettricità. Un piatto di brodaglia è l'unico pasto del giorno. E ora, anche i soldati israeliani!

Il cielo è solcato da razzi che sibilano con un suono sinistro. Poi le granate. A ogni scoppio, schegge di ferro schizzano in ogni parte e, a ogni scoppio, lasciano corpi straziati.

"La guerra mette a nudo il potenziale di malvagità che si annida in ogni uomo. Questa è la verità più crudele da accettare" riflette Alì.

Le case del villaggio si stanno trasformando in piccole colline di mattoni e di travi contorte. Le fiamme pare vogliano divorare tutto.

Alì incontra gli occhi della madre:

– Mamma, la nostra sarà una pace costosa, ma sono sicuro che arriverà.

Una deflagrazione lacera l'aria e li fa sobbalzare. È il rumore dei pezzi di artiglieria. Granate che esplodono e carri armati che tormentano il suolo. Madre e figlio si abbracciano e pregano insieme. Nuvola guaisce e si rifugia fra le gambe di Alì: anche lei ha intuito il pericolo. Dalla botola, all'improvviso, escono Karim, Kaled, Abuh e Wahid. Kalashnikov in spalla, pronti a intervenire.

– Siete pazzi? Fermatevi! – urla Alì. – C'è l'inferno lì fuori.

– Lasciali andare figlio. Allah li chiama. E, purtroppo, anche tu devi seguirli.

– Nostra madre ha ragione – dice Karim. Poi, lanciandogli un fucile, aggiunge: – Tieni, questo è per te.

Alì afferra al volo l'arma e, al "fuori tutti" impetuoso e rabbioso di Karim, segue gli altri. Non prima di aver intimato a Nuvola di non muoversi dal suo posto.

La luna è loro complice. Si è nascosta. Il buio assoluto favorisce la loro rischiosa impresa. L'aria gronda odio. I carri armati avanzano lentamente alle loro spalle sollecitandoli a correre, a fuggire, a cercare riparo. Ma dove? Non c'è scampo. Uomini, donne, ragazzi muniti di qualche fucile e, soprattutto, di grosse pietre, si buttano a terra sotto il fuoco nemico. I cannoni sono pronti per fronteggiare ogni eventuale rivolta. Una pallottola colpisce Wahid prima che lui spari la sua. Il ragazzo cade pesantemente sulla schiena. Si porta una mano al petto, all'altezza del cuore. Stringe i denti per il dolore, ma non urla.

Alì, improvvisamente impavido, lo raggiunge. Gli si inginocchia accanto e lo chiama con voce straziante:

– Wahid, Wahid, amico mio, fratello mio, rispondi! Dove ti hanno colpito quei maledetti? Tu, proprio tu, il più religioso di tutti! Allah, grande Allah, proteggilo, ti prego! Lascialo ancora tra noi. La Palestina ha bisogno di lui...

– No, Alì. Allah mi aspetta – sussurra Wahid.

– Non può essere. È solo una ferita leggera.

– No, Alì. Io sto morendo.

– Non è vero! Non è ancora giunta la tua ora, Wahid – singhiozza Alì.

– Spara Alì. Spara – lo incita con un filo di voce Wahid.

Alì solleva il fucile in posizione di fuoco.

– Devi farlo, fratello. Per il nostro popolo... Non dobbiamo soccombere... Questa terra è nostra... È nostra... è nos...

– Wahid... Wahid... Wahid... Amico mio, fratello mio, guardami, rispondimi...

Alì abbraccia forte Wahid, poi si rende conto che non c'è più nulla da fare e, con tenerezza, gli chiude gli occhi. Quindi, disperato, dà libero sfogo al suo dolore, alla sua rabbia.

Da una casa non ancora completamente diroccata apre il fuoco una batteria di fucili. Le pallottole grandinano e vagolano ovunque, senza una mira precisa.

Hussan prende il comando del piccolo plotone dei suoi giovanissimi "martiri". Con un gesto della mano incita i suoi ragazzi a mettere mano ai fucili. Così, al grido di "Allah akbar", i "martiri" iniziano a sparare, più da incoscienti che da eroi.

Alì rimane accanto all'amico morto tenendo il dito sul grilletto del fucile. La spalla gli duole sotto il peso dell'arma.

Le nuvole continuano a nascondere la luna. I ragazzi sono tutti scomparsi nel buio, sparpagliati tra le macerie. La terra trema sotto il peso dei carri armati.

– Alì, stai bene? – chiede Karim, che lo ha raggiunto strisciando a terra.

– Sì, Karim. Ma Wahid non ce l'ha fatta.

– Allah lo ha voluto con sé. Wahid è un martire – sussurra Karim. Poi si lascia cadere accanto all'amico morto, mentre un singhiozzo, a stento trattenuto, si trasforma in un ululato di odio, di rabbia e di dolore

Alla luce di un razzo, che si illumina come se fosse un fuoco pirotecnico, i ragazzi vedono distrutta completamente la casa del giovane Kamal, il secondo dei due "martiri" che, il giorno prima, si era immolato alla porte di Harifa, provocando morti e feriti.

Il fragore dei carri armati si allontana sparendo nel buio. In un silenzio che sembra irreale, attorno ad Alì e ai ragazzi si raccolgono pian piano altre persone, tra le quali l'esile figura di una donna: è Adel, la madre di Wahid, che riconosce il figlio, si accascia a terra e prorompe in un pianto dirotto, presto coperto dai lamenti di altre donne.

Dopo la veglia notturna ai propri cari, è il momento di seppellire i morti. Scene di disperazione ovunque. Le famiglie urlano la loro angoscia, la loro vendetta, la loro sofferenza. Una sofferenza che ormai si ripete da troppo tempo: Palestina contro Israele. Perché?

Due diverse verità. Due diversi modi di guardare e di leggere la realtà. Due diversi piani di confronto e di scontro. Due mondi che faticano a comunicare. Due storie diverse. E lontane.

"E ora che cosa accadrà?" si chiede Alì, tormentandosi. "Se Israele ci terrorizza, non significa che noi dobbiamo fare altrettanto. Non dobbiamo abbandonarci ad atti di violenza indiscriminati anche noi. È una spirale che non avrà mai fine! E non è vero che siamo tutti votati al martirio. Sta nascendo ovunque il dissidio profondo e doloroso tra chi invoca vendetta e attacchi suicidi e chi, invece, non li tollera più. Come la madre di Kamal che sotto gli spari urlava: *Chi ha mandato a morire mio figlio?*"

La notte non ha ancora ceduto completamente il passo al giorno. Il silenzio che raccoglie le lacrime e le preghiere è denso di dolore e di amore. Ma anche di sfida. Una sete di vendetta che continua a rimanere insoddisfatta.

"Ma non si può vivere senza la speranza" pensa ancora Alì. "Io odio l'ingiustizia, il razzismo, la tirannia... Ma come posso dimostrarlo? Piangendo, come sto facendo ora?" E piange, piange tanto da sentirsi male. Le sue labbra sono salate di lacrime... Ma a che serve? È un sogno, il suo, che si allontana ogni giorno di più. "Ma io non posso non sperare. Forse, chissà, un giorno ci sarà davvero la pace tra Palestinesi e Israeliani".

Sogna Alì... Sogna e spera.

Da un minareto, il gracchiare di un altoparlante amplifica la voce di un *muezzin*, che invita alla preghiera.

Scheda di verifica

IL TESTO

1. *Completa il riassunto.*

È mezzanotte quando i soldati israeliani ...., bussando a tutte le case, abbattendo le porte chiuse. Alì e sua madre si guardano. Aspettano. Karim, Abuh, Kaled e Wahid, invece, ... Quando una deflagrazione lacera l'aria, Karim e gli altri .... e, armati di .... si preparano a intervenire. Alì vorrebbe fermarli, ma sua madre .... e che anche ....

Fuori, mentre i carri armati israeliani avanzano, uomini, donne e bambini palestinesi, armati con qualche fucile e, soprattutto, ... si preparano a ....
A un tratto, Wahid .... e si accascia al suolo. Alì lo raggiunge, ma .... Intanto, mentre Hussan incita ...., la casa di Kamal viene abbattuta dai .... Poi, i carri armati si allontanano. Torna il silenzio. E, nel silenzio, si affacciano le grida e i pianti di dolore ....
Dopo la veglia funebre, mentre le famiglie dei morti urlano la loro ...., Alì riflette sugli orrori di questa guerra e sulla sua speranza ....

I PERSONAGGI

2. *Accanto a ciascuna azione elencata in tabella scrivi il nome del personaggio che la compie.*

Azione	Personaggio
– Si rifugia fra le gambe di Alì.	....
– Dice ad Alì di seguire i fratelli.	....
– Colpito al petto, si accascia al suolo.	....
– Incita i ragazzi a mettere mano ai fucili.	....
– Raggiunge Alì strisciando a terra.	....
– Abbattono la casa di Kamal.	....
– Urla "*Chi ha mandato a morire mio figlio?*"	....
– Spera nella pace nonostante tutto.	....

LA PRODUZIONE

– Alì vorrebbe fermare i fratelli e gli amici che sono decisi a combattere la rappresaglia israeliana. Ma sua madre interviene, dicendo di lasciarli andare e aggiunge: "*E, purtroppo, anche tu devi seguirli*".
Perché, secondo te, la madre di Alì agisce in questo modo?

– Wahid è morto. Sua madre urla la propria disperazione, così come i familiari delle altre vittime della rappresaglia urlano la loro sofferenza e la loro vendetta.
In questo tragico scenario, dopo che ha appena socchiuso gli occhi al suo giovane amico, morto per mano degli Israeliani, Alì sogna la pace.
Immagina di trovarti in quel luogo. Nel momento in cui Hussan incita i "suoi ragazzi" a combattere, nel momento in cui madri e padri piangono la morte dei loro figli e nel momento in cui Alì pensa "*Ma io non posso non sperare. Forse, chissà, un giorno ci sarà davvero la pace tra Palestinesi e Israeliani*".
Che cosa diresti a ciascuno di loro?

Capitolo 6

Un giorno disperato

Il momento più tragico è passato. Ma quanto durerà la calma?

Gli amici di Wahid continuano a inneggiare al suo "martirio". Alì appende sulla parete della sua fatiscente abitazione la foto dell'amico, accanto a quella del padre.

È giovedì pomeriggio. Avvolta nel suo abito nero, la madre di Alì si annoda il *chador* e raggiunge le altre donne del villaggio per la preghiera religiosa che recitano ogni giovedì. Ciascuna dispone il proprio tappeto in direzione della Mecca e, insieme, si prostrano. Pregano, si alzano, si prostrano altre tre volte e, nel silenzio più totale, mormorano la preghiera delle madri.

Dopo le orazioni commemorano così i loro morti: "Non esiste altro Dio all'infuori di Allah e Maometto è il Suo profeta".

Terminata l'orazione si passano le mani sul volto, partendo dal naso verso la fronte e poi all'esterno, scendendo lungo le guance fino al mento, per finire con le mani sulla bocca come se mangiassero la loro preghiera.

Di madre in figlia si sono tramandate la convinzione che quello per cui si prega durante la preghiera religiosa, se meritato, si avvererà.

Ma non è così per la povera Adel, la madre di Wahid che, al rientro, appena chiude l'uscio di casa, sente bussare e urlare: "Aprite la porta".

Nuwar, suo marito, non fa in tempo ad arrivare alla porta che gliel'hanno già sfondata con il calcio dei fucili. Due soldati israeliani entrano con prepotenza in casa. La perquisiscono da cima a fondo. Adel è terrorizzata. Trattiene il fiato. Segue muta i rivelatori che non smettono un secondo di sibilare e di cercare armi e munizioni. Ma non trovano niente.

– C'è qualcosa che non va – esclama uno dei due soldati.

– Già – gli fa eco l'altro.

– Forse sono impazziti i rivelatori.

– Non credo. Guarda qui.

Si bloccano su un tappeto. Lo scansano con cautela. Sollevano un coperchio. Scendono nella botola.

Adel e Nuwar, si abbracciano. Adel trema.

– Lo sapevamo, quando i nostri ragazzi ci hanno chiesto di usare la botola per nascondervi le armi, Adel – le sussurra il marito. – Sapevamo che poteva essere pericoloso.

– Non abbiamo più Wahid. Non possono portarci via anche Sultan.

I militari escono dalla botola. – Dovrete rispondere di un grave reato – li ammonisce il più vecchio dei due.

– Complimenti! Un bell'arsenale davvero! – aggiunge l'altro.

Adel e Nuwar vengono arrestati e portati via. Guardano per l'ultima volta la loro casa. Sanno che verrà demolita. Adel piange disperata. Le vicine di casa l'abbracciano commosse. La madre di Alì la rassicura.

– Assieme alle altre donne, porteremo via il più possibile.

– Vi restano dieci minuti – urlano i soldati.

I ragazzi guardano impietriti. Aspettano un segnale per una ribellione che cova nel loro animo e che aspetta di esplodere da un momento all'altro. Ma per Hussan, il loro capo, è troppo pericoloso.

– Scansatevi, per amore di Allah! Non vogliamo altri morti – urlano le donne.

Sultan osserva la casa dove è nato, dove da sempre ha sognato di diventare "martire", dove, fin da quando era bambino, ha cantato le lodi ad Allah. Dove ha vissuto la sua infanzia, il cui ricordo ora gli viene strappato insieme alla fanciullezza, che pare consumarsi sotto le macerie della sua casa.

Alì, Kaled, Abuh, gli battono una mano sulla spalla per assicurarlo del loro affetto.

– Stiamo perdendo tutti.

– No, Sultan, fratello. Resta la speranza che i nostri genitori hanno riposto in noi – lo consola Alì.

Un boato, un'eplosione. La casa di Sultan vacilla, poi si accartoccia su se stessa in un cumulo di macerie.

– Allah è grande – urla Sultan con voce strozzata.

– Il più grande – gli rispondono in coro tutti.

Un brivido di odio e un desiderio di vendetta si insinuano nell'animo della gente che, piano piano, si disperde. Alì e gli altri restano con Sultan.

Il giorno dopo, a scuola di Alì si commenta l'accaduto. Le classi sono in fermento. I ragazzi, ancora una volta, hanno deciso di mobilitarsi per urlare il loro dolore.

Il professor Mohammed, l'unico con il quale i ragazzi riescono a parlare di politica, cerca di farli ragionare:

– La guerra non decide chi ha torto o chi ha ragione. Ma solo chi sopravvive.

– No. Solo chi di noi sarà "martire".

– Ora il martire più grande è lui, il nostro grande Arafat.

– E noi dobbiamo continuare a lottare.

– Anche manifestando.

– E questo basterà, secondo voi, a farli desistere e a farli uscire dal nostro paese? Se non può fare niente l'Onu, che cosa sperate di fare voi? Dimenticate che ci sono state centinaia di risoluzioni dell'Onu che hanno imposto a Israele di lasciare il nostro suolo? E che Israele non le ha mai rispettate?

– Ma professore, noi non possiamo starcene buoni a vedere le nostre case distrutte, i nostri padri e i nostri fratelli morire.

– Sì, non possiamo accettare inerti le sopraffazioni e le violenze. Dobbiamo protestare con forza e decisione.

– E pensate che basterà a cambiare la situazione? – ripete l'insegnante.

– Sicuramente no. Ma almeno facciamo sentire la nostra protesta.

– Facciamo sentire al mondo la nostra voce.

– Per lo meno sapranno di non doversi aspettare un futuro diverso con noi. Che anche noi ragazzi li combattiamo, adesso e quando saremo adulti.

Anche Alì interviene: – Dobbiamo combattere i soldati, ma soprattutto i signori, i potenti che decidono la guerra.

– Sharon ha detto che ci saranno due stati, ma...

– E noi, secondo lei, dovremmo credergli?

– Beh, ha posto molte, troppe condizioni – riprende il professore. – Due stati, due popoli. Una vita serena. Questa guerra sta diventando una mattanza.

– Per fortuna anche loro ci lasciano la pelle – osservò un ragazzo dal volto emaciato.

– Beh, sì, è vero. Nel periodo ottobre 2003 a maggio 2004 ci sono stati 950 morti e 5000 feriti tra gli Israeliani.

– Sono ancora pochi! – urla qualcuno.

– Dobbiamo continuare a combattere e a vendicare i nostri morti.

– Dunque, dicevo della mattanza – riprende il professor Mohammed. – L'esercito israeliano, con carri armati, aerei ed elicotteri da combattimento, con missili, bombardamenti ed "esecuzioni mirate", ci ha inflitto perdite insopportabili, come l'uccisione di Ahmed Yassin che, come sapete tutti, è il fondatore di Hamas, il movimento di resistenza islamico, che continua a sostenere, come principio, la cancellazione dello stato ebraico...

Le cifre del dolore e della sofferenza tra di noi sono ben superiori: quasi 3000 morti e 47 000 feriti. Tuttavia, noi dobbiamo sperare nella pace, perché con la vendetta e con le rappresaglie non si va da nessuna parte; ci saranno solo altri morti.

– Ma da chi le ha avute lei queste cifre? Sono esatte?

– Le cifre si rifanno a fonti delle due parti. Quindi, sono riconosciute corrette – conferma il professore.

– A maggior ragione dobbiamo manifestare.

– D'accordo, ma ricordate che la protesta deve farsi sentire, non deve essere violenta – sottolinea l'insegnante.

– Certo. E devono partecipare anche le ragazze.

– Giusto.

Suona la campanella che annuncia l'inizio delle lezioni. Ma qualcuno grida:

– Niente lezioni a partire da oggi!

– Andiamo a manifestare davanti ai soldati israeliani!

– Sì, devono sapere che anche noi siamo pronti a combattere.

– Allora SCIOPEROOOOO!! – urlano tutti.

Gli insegnanti si guardano increduli, ma restano immobili. Il preside, trafelato, con un'espressione ansiosa dipinta visibilmente sul volto, si rivolge a tutti:

– Calma, ragazzi, calma. Siete forse impazziti? Una protesta così clamorosa non l'avete mai fatta.

Fischi e urla tentano di zittirlo.

– Ragazzi! – grida con quanto fiato ha in gola l'uomo. – Lasciatemi parlare.

– Se spera che lo ascoltiamo, si sbaglia – urlano alcuni.

– Io lo porterei di peso davanti alle macerie di casa mia! – esclama irritato Sultan.

– Ascoltiamolo. Sentiamo cosa ha da dirci – interviene Alì.

– Una cosa è scioperare – riprende il preside – una cosa è provocare i soldati israeliani. Non perché non lo meritino, ma perché è pericoloso.

I ragazzi non ascoltano il loro preside. Continuano a urlare e si apprestano a uscire bellicosi.

– Andiamo a prendere le pietre!

– Non fatelo. Non è con un'altra *Intifada* che libererete il territorio.

– Dalla mia casa distrutta ho abbastanza pietre da lanciare contro quei carri armati che ci controllano là fuori – dice Sultan.

– Ragazzi, la realtà è quella che è – li mette in guardia il professor Mohammed. – Non quella che vorremmo che fosse. E dovete prendere coscienza che siamo in guerra.

– Lo so. Vi capisco – interviene ancora il preside. – Sono un padre. Forse non sapete che uno dei miei ragazzi... – l'uomo si blocca. Ha un nodo in gola. La classe ammutolisce. – Sì, in guerra. Aveva la vostra età. Il dolore della perdita non ha parole. Il dolore di chi perde un figlio è talmente grande da non lasciare intravedere un orizzonte di speranza.

– Preside, la morte non ci spaventa.

– Ma non provocatela, per amore di Allah!

– E allora ci lasci manifestare.

I ragazzi cominciano a uscire dal portone della scuola, ma subito vengono circondati da veicoli militari. Alcuni soldati spianano le armi automatiche. Gli studenti non fuggono. Indietreggiano verso l'interno della scuola, gridando slogan contro l'occupazione:

– Fuori dal nostro paese!

– Viva la lotta del popolo palestinese!

Si diffonde la paura. Serpeggia l'odio più che mai. La situazione si fa critica. Gli insegnanti intervengono.

– Mi raccomando, ragazzi, non fate niente che possa danneggiarvi.

– Che dobbiamo fare allora?

– Aspettare e tenere i nervi saldi – li esorta il professore.

– Aspettare? E se entrano nelle aule?

– Via, tutti sulla terrazza dell'edificio – li incita il preside. – E ricordatevi sempre che la violenza attira altra violenza.

I ragazzi sentono che gli insegnanti sono con loro e questo li tranquillizza. A frotte, continuando a inneggiare alla libertà della Palestina, raggiungono la terrazza della scuola. L'inno palestinese sostituisce gli slogan. Sultan alza sul pennone la bandiera della loro terra. Fa appena in tempo a issarla, che viene sfiorato da una pallottola.

– Questa per loro è una provocazione – dice Alì.

– E non la sopportano.

– Giù la testa, ragazzi. È pericoloso anche qui.

– Allora che facciamo?

– Qui non possiamo più stare.

– In strada! – urla Sultan.

– Apriranno il fuoco! Fermi! Non mettete a repentaglio la vostra vita – urla disperato il preside. – Vi lasceremo uscire, ma a una condizione.

– E quale? Sentiamo.

– Che torniate a casa.

– E per chi non ce l'ha più, eh? – urla Sultan.

Gli studenti non sono convinti e urlano:

– Occupazione! Occupazione della scuola a oltranza. Fino a quando non rilasceranno i nostri fratelli manifesteremo con striscioni, slogan e fionde attorno ai loro carri armati.

– Ho fatto tutti gli sforzi possibili per consentirvi di uscire. Non rovinate tutto. Altrimenti faranno irruzione nella scuola – cerca di convincerli il preside.

Sul volto dei ragazzi comincia a dipingersi un'espressione carica di paura, oltre che di odio.

– Uscirò io per primo – grida Sultan. – Chi viene con me?

– Io – risponde con impeto Alì.

Nei pressi del cancello esterno staziona un gran numero di soldati pronti a intervenire se i ragazzi tentassero di uscire in massa. Il cancello è mezzo aperto e consente agli studenti di uscire uno alla volta.

Appena fuori, i ragazzi vengono avvicinati da alcuni soldati, che chiedono loro il nome e un documento di riconoscimento. Poi gli studenti vengono perquisiti accuratamente e, infine, viene loro ordinato di continuare a camminare uno dietro l'altro.

Poco più in là un gruppo di ragazze, che non erano riuscite a raggiungere in tempo i compagni per partecipare alla manifestazione, gli fanno festa.

– Andiamocene in fretta – li incita una di loro. – Non si sa mai, potrebbero ripensarci e attaccarci.

– Guardate, stanno ammainando la nostra bandiera – esclama un'altra ragazza, indicando la terrazza della scuola.

– Possòno anche toglierla – commenta Alì. – Ma presto tornerà a sventolare.

L'ottimismo di Alì riesce a contagiare i suoi compagni.

Dai minareti si levano meste note di litanie, che accompagnano la loro malinconica marcia.

Scheda di verifica

🕮 IL TESTO

1. *Ricostruisci la trama del capitolo rispondendo alle seguenti domande.*

– Che cosa fanno le donne del villaggio ogni giovedì?

....

– Che cosa succede alla madre di Wahid non appena rientra a casa?

....

– Perché uno dei soldati israeliani dice che il rivelatore è impazzito?

....

– Che cosa succede ad Adel e Nuwar?

....

– Quale conforto dànno le altre donne del villaggio ad Adel?

....

– Qual è la reazione dei ragazzi?

....

– Perché, poi, non intervengono?

....

– Che cosa succede, il giorno dopo, a scuola?

....

– Che cosa consiglia loro il professor Mohammed?

....

– Perché il preside tenta di dissuadere i ragazzi dal loro proposito?

....

– Quale terribile dolore ha colpito il preside?

....

– Che cosa consiglia di fare il preside quando, appena varcata l'uscita dalla scuola, i ragazzi vengono circondati dai soldati israeliani?

....

– Che cosa succede quando i ragazzi issano la bandiera palestinese?

....

– Chi, fra i ragazzi, si offre di uscire per primo dalla scuola?

....

– Che cosa fanno i soldati quando gli studenti escono dalla scuola?

....

– Qual è il commento di Alì, quando si accorgono che sulla terrazza hanno ammainato la bandiera palestinese?

....

....

I PERSONAGGI

ALÌ

2. *Oltre a essere un ragazzo molto sensibile, Alì mostra di essere affettuoso, coraggioso e anche capace di infondere negli altri fiducia e speranza. Elenca tre situazioni del capitolo in cui egli appare così.*

1. ....

....

2. ....

....

3. ....

....

3. *Il preside e l'insegnante tentano entrambi di dissuadere gli studenti dallo scioperare. Scrivi nella tabella le argomentazioni esposte dal professor Mohammed e quelle di cui invece si serve il preside.*

Argomentazioni del professore	Argomentazioni del preside
....	....
....	....
....	....
....	....
....	....
....	....
....	....
....	....
....	....

✍ LA PRODUZIONE

– Per vendicarsi degli attentati subiti, i soldati israeliani demoliscono le case dei colpevoli, estendendo quindi la punizione ai familiari del "martire".
  Esprimi la tua opinione in merito.

– Gli studenti hanno deciso di usare lo sciopero come forma di protesta contro gli invasori.
  "*E questo basterà (...) a farli uscire dal nostro paese?*" li fa riflettere il professor Mohammed. "*Se non può fare niente l'Onu, che cosa sperate di fare voi?*"
  "*...Almeno facciamo sentire la nostra protesta. (...) Per lo meno sapranno di non doversi aspettare un futuro diverso con noi. Che anche noi ragazzi li combattiamo*" è la risposta degli studenti.
  Immagina di prendere parte alla discussione. Chi cercheresti di convincere, il professore o i ragazzi? Con quali argomentazioni?

Capitolo 7

Un giorno troppo importante

È arrivato il giorno fatidico. La Terza C, con in testa la professoressa Morselli, scende dal pullman che è arrivato all'aeroporto.

– Per noi è un giorno importante – commenta Pietro.

– Bene, Pietro – si compiace l'insegnante. – Ma mi raccomando, non parlare in romanesco con i nostri ospiti. Capito?

– Stia tranquilla, parlerò in perfetto italiano.

Intanto sono arrivati altri due pullman. Sono i ragazzi delle altre sezioni, anche loro interessati agli scambi culturali con i paesi del Medio Oriente. Si catapultano a grappoli e sciamano tutti verso un'unica direzione: la hall di partenza dell'aeroporto Leonardo da Vinci.

Per la Terza C, oltre a Lina Morselli vegliano Pasquale e la professoressa Lorenzini. Anzi, è proprio a un secco rimprovero di quest'ultima che i ragazzi si bloccano in attesa di istruzioni.

L'atrio dell'aeroporto pullula di gente di tutti i tipi, che si muove in tutte le direzioni.

I ragazzi, più che le ragazze, ironizzano criticando tutti. Un signore in impeccabile completo blu da manager, e con una valigetta 24 ore che tiene stretta al petto, corre verso una scala mobile urlando a squarciagola: "Permesso, permesso hanno già chiamato il mio aereo". Qualcuno gli risponde: "E chi se ne frega!". Un gruppo di Giapponesi, imperterriti, fotografano tutti e tutto a destra e a manca.

– Ragazzi, mettiamoci in posa... Stanno per fotografare anche noi.

– *Ahó, sta' a vede che finimo in Giappone pure noi...* – E, detto fatto, Pietro diventa più intraprendente del solito.

– *Please, you speak english?* – chiede a un turista giapponese.

– *Yes.* Ma noi palliamo anche tua bellissima lingua.

– *Oh, thank you, very much.* Noi rappresentiamo una scuola media di Roma e siamo venuti ad accogliere degli studenti del Medio Oriente per uno scambio culturale. Voi non li fate questi scambi?

– Folse è possibile. Sclivi qui il tuo indilizzo e il nome della tua plofessolessa. D'accoldo? Tutto è possibile, okay?

– Okay. Ragazzi, venite a salutare questi nuovi amici. Ci hanno invitato in Giappone... Sì. Vi dico di sì. Chiedeteglielo.

Tutta la Terza C circonda i turisti giapponesi, facendo sentire importante Pietro. L'amicizia e la pace nascono anche così. Scambi di indirizzi (tra loro ci sono anche tre belle coetanee dagli occhi a mandorla e dai capelli più lucidi e neri della pece), strette di mano e sorrisi da parte delle insegnanti, che si complimentano con Pietro per l'iniziativa.

– Certo, se li avessero visti in pullman, non avrebbero rilasciato nessun indirizzo, ma sarebbero scappate a gambe levate – ironizza Pasquale. – Però, a tutti i ragazzi l'immobilità fa un brutto effetto... diventano nervosi, irrequieti e, spesso, anche maleducati... Ha notato prof, che si sono dati una bella calmata? – continua Pasquale. – Sarà che cominciano a fantasticare sul Giappone.

I ragazzi sono così impegnati a commentare l'incontro con i turisti giapponesi, che non si accorgono che le altre classi, capeggiate dal preside e da alcuni insegnanti, si stanno avviando verso l'uscita dell'aereo proveniente da Tel Aviv.

– Ragazzi, muoviamoci! Non vedete che gli altri ci hanno distanziato di un bel po'? – li richiama la voce altisonante della burbera professoressa Lorenzini.

– E che vuol dire? Chi va piano va sano e va lontano, no? – replica il solito Pietro.

– Pensavo che dopo l'attentato dell'altro giorno, i nostri ospiti non sarebbero più arrivati. Temevo che il programma saltasse – commenta la professoressa Morselli.

– Invece le autorità hanno deciso che questo scambio culturale fosse la migliore risposta per chi semina violenza.

– Ma dove si sarà cacciata Livia? – chiede la Morselli. – Pasquale, hai visto la professoressa di inglese?

– Sì, è arrivata all'aeroporto qualche ora prima di noi per espletare tutte le formalità del caso. Che non sono poche.

– Prof, possiamo andare a vedere gli aerei?

– Va bene, ragazzi. Ma non muovetevi da quella vetrata. Pasquale li tenga d'occhio – si raccomanda l'insegnante.

Allora i ragazzi, vocianti e curiosi, raggiungono una lunghissima vetrata che consente di spaziare lo sguardo sulle piste di decollo.

– Volare deve essere una sensazione bellissima – esclama con aria sognante Annalisa.

– Chissà come ci si sente? – le fa eco Lucia.

– Sicuramente leggeri ed euforici. Vero Alessandro? – domanda Niccolò con aria scanzonata.

– Come quando vince la Roma, no? La squadra più forte del mondo – interviene euforico Pietro.

– Ragazzi – li interrompe la Lorenzini. – Venite. La professoressa Cesaretti ci fa segno di raggiungerla.

– Andiamo! – li incita la Morselli un po' emozionata. – Non vedo l'ora di conoscere i nostri ospiti.

Nel frattempo, tre ragazzi di colore, due maschi e una femmina, con addosso dei giubbotti dove spicca lo stemma variopinto di una scuola, stanno parlando con la professoressa d'inglese.

– Sono quelli? Eh, Pasquale? Rispondi.

– Bah, io ne so quanto voi, ragazzi.

– Ma nessuno ci ha detto che sarebbero stati di colore – esclama la Marzocchi dando voce al pensiero che ha sfiorato tutti.

– Ma figuriamoci se sono quelli i nostri ospiti – interviene decisa Annalisa Chiarelli. – Non vedi che stanno salutando un loro amico? Solo tu, Lucia, potevi pensare che Israeliani e Palestinesi fossero di colore.

– Veramente, Annalisa, ci sono molti etiopi di religione ebraica – spiega la professoressa Morselli. – E non sono pochi quelli fra loro che hanno deciso di trasferirsi in Israele.

– Che strano posto deve essere Israele, abitato da gente che proviene dai più disparati paesi del mondo. Chissà che moltitudine di facce, di abitudini, di costumi... – ragiona a voce alta Annalisa.

– Insomma, un po' come questo aeroporto – suggerisce Alessandro.

– Sì, deve proprio essere un posto... come si dice... *multietico*.

– Multietnico, Miriam, si dice multietnico – la corregge la Morselli. – Multietico significherebbe che ci sono molte regole morali diverse fra loro. Invece, per quanto di provenienza diversa, gli Israeliani hanno nell'ebraismo la loro religione comune. C'è chi, sbagliando, definisce Israele come una Teocrazia. In realtà, Israele è una repubblica, con i suoi partiti politici e un governo eletto con regole democratiche.

– Come in Italia, allora?

– Sì, brava Sonia.

– *Hi*[1], *boys!* – la professoressa di inglese saluta così i ragazzi che l'hanno raggiunta.

– Ma dove sono i nostri nuovi amici? – domanda Alessandro.

– Sono ancora negli uffici della dogana internazionale, con il preside e con tutti gli altri. Sapeste quanta burocrazia! Comunque sono stati tutti gentilissimi.

1. *Hi*: ciao in inglese.

– E i ragazzi come stanno? – domanda apprensiva la Morselli.

– E come sono? – aggiungono quasi in coro le ragazze.

– Un po' di pazienza e li vedrete. Comunque sono frastornati. E adesso seguitemi, perché gli arrivi sono da un'altra parte.

Un po' disordinatamente tutti seguono Livia Cesaretti, che si dirige verso un altro edificio dell'aeroporto. Intanto i ragazzi, un po' per gioco e un po' sul serio, cercano, fra le persone che incontrano, di individuare quelli che potrebbero essere i loro nuovi amici, di cui conoscono soltanto i nomi: Cristina, Jonathan e Alì.

– Guarda, guarda! Quella dev'essere Cristina – esclama Niccolò, indicando ad Alessandro una ragazza mulatta con il fisico da fotomodella.

– E quello sarà Jonathan – risponde Alessandro, alludendo a un uomo grande e grosso, biondo e barbuto, con un piercing sul sopracciglio destro, che accompagna la fotomodella.

– No! Cristina è certamente quella! – Miriam indica una ragazza che assomiglia a Suor Margherita, forse perché porta al collo un vistoso crocifisso.

– Quello, piuttosto, speriamo che sia Alì – commenta Annalisa, indicando un bel giovane orientale con tanto di turbante.

– Ragazzi, quante volte vi devo dire che non si indica la gente in quel modo? – li rimprovera la professoressa Lorenzini.

Finalmente il gruppo raggiunge l'atrio degli "arrivi internazionali", proprio mentre un altoparlante annuncia, in italiano e in inglese, l'atterraggio di un aereo da Ankara.

– Dov'è Ankara? – chiede Lucia ad Annalisa azionando il timer del proprio orologio per cronometrare i tempi della risposta.

L'atrio degli arrivi internazionali è un salone, chiuso, in fondo, da un'ampia vetrata. I ragazzi si avviano correndo, decisi a entrarvi.

– Nooo! Fermi! – urla la professoressa di inglese. – Non si può oltrepassare quella porta. Dobbiamo aspettare qui. Di là c'è l'area doganale.

– E che cos'è? – domanda Pietro.

– È un posto dove fanno accertamenti sulle persone e sui beni che entrano in uno Stato. È presidiato dagli agenti di sicurezza, nel caso in cui ci fossero dei problemi.

– La prof ha ragione. Guarda lì, Niccolò! – Pietro indica al compagno alcuni soldati che indossano giubbotti antiproiettili. Ci sono anche due poliziotti con un cane lupo che, addestrato per l'antidroga, fiuta i passeggeri, che potrebbero nascondere qualcosa di illecito nei bagagli.

– Ma perché la gente dovrebbe portare con sé della droga e rischiare di essere scoperta? – s'informa Niccolò.

– Perché, anche se è illegale e prevede pene molto severe, il traffico di droga è molto redditizio – spiega Livia Cesaretti. – Purtroppo, quasi dovunque, è controllato dalla criminalità organizzata.

Intanto la porta a vetri si è aperta e cominciano a uscire i viaggiatori. I poliziotti vi passano accanto con il cane lupo. I ragazzi osservano curiosi, ma anche preoccupati dall'eventualità di assistere a un arresto. Tutto, però, sembra andare per il meglio. Solo una volta il cane si sofferma accanto a una signora di mezza età, poi passa oltre.

I ragazzi sono talmente presi da questa variopinta fauna umana che sobbalzano quando la voce del preside li richiama:

– Ragazzi. Questi sono i vostri nuovi amici.

Sul pullman la Morselli si era raccomandata di fare gli onori di casa per far sentire i tre ospiti a loro agio. Ma il fatto di trovarseli davanti così, all'improvviso, gela ogni tentativo della classe di accoglierli festosamente.

– E così sono... quelli? – domanda Lucia.

Cristina è una ragazza mora, con lunghi capelli lisci e ben curati. È vestita alla moda, con jeans a zampa d'elefante e una maglietta sportiva. Sorride, imbarazzata, a tutti.

– Ma quella è la Pausini! – esclama Niccolò.

– Ma dài! – Alessandro gli dà una gomitata.

– Se non è lei di certo è sua sorella. Non vedi come le assomiglia?

– Ma smettila! E poi, la Pausini è romagnola. Questa qui arriva da tutta altra parte.

I due ragazzi, invece, sono di più difficile classificazione. Entrambi hanno i capelli neri, molto ricci, e gli occhi neri. Uno è piuttosto muscoloso, con un naso aquilino. L'altro è più magro e un po' più basso. Indossano jeans e maglietta ed entrambi calzano scarpe da tennis. Piuttosto consunte quelle di Alì.

– Ma nessuno dei due ha la *kippàh* – osserva Gaia.

Cristina si avvicina al gruppetto delle ragazze e con un sorriso smagliante li saluta all'italiana: – Ciao a tutte.

– Ma tu parli italiano? – si meraviglia Miriam.

– Ma certo non ricordi? Ce l'ha detto la professoressa Morselli che Cristina ha il padre italiano – le ricorda Annalisa.

– È vero – dice Cristina. – E mio cugino se la cava altrettanto bene. Anche Alì parla abbastanza l'italiano. Anche se non ci siamo allenati molto durante il viaggio.

– Allora – interviene il preside – io mi occupo degli altri ragazzi e dei bagagli. Voi raggiungete il vostro pullman.

– Che hai Lina, sei ammutolita? – è la professoressa Lorenzini, preoccupata del silenzio della Morselli.

– Sono emozionata – risponde la collega. – Non mi sembra vero di averli qui. Sono felice, ma... allo stesso tempo mi rendo conto della responsabilità che mi sono assunta. Che immagine riusciremo a dare a questi ragazzi dell'Italia? E riusciremo a fare in modo che fraternizzino fra loro? Sono oltremodo preoccupata per Alì. Gli altri due sono israeliani, oltre che cugini, ma lui... lui deve sentirsi terribilmente solo.

– Allora, che vuoi fare? – dice la Lorenzini. – Acolta, diamogli tempo. Osserviamoli. Poi, e solo se ce ne sarà bisogno, troveremo il modo d'intervenire.

Intanto la scolaresca ha preso d'assalto il pullman: i ragazzi sono tutti pronti per il ritorno a scuola. Cristina si è seduta tra le ragazze, che la sommergono di domande. Alì e Jonathan, invece, si sono separati, scegliendo due posti in fondo all'abitacolo.

– Mi sento lo sguardo di quei due fra le scapole – bisbiglia Pietro a Niccolò. Entrambi sono seduti proprio davanti a Jonathan.

– Guarda che c'è solo l'israeliano – gli dice Niccolò. – L'altro, Alì, è seduto nella fila accanto e sta guardando fuori del finestrino.

– Secondo te che si può dire a un musulmano?

– Bah, le stesse cose che si dicono a un cristiano, immagino.

– Eh, no. Non è mica così semplice. C'è sempre il rischio di commettere un errore – osserva Pietro. – Metti, per esempio, che ti capita di offrire un panino al prosciutto a un musulmano...

– Ma dài, vuoi che non capisca che siamo in buona fede?

In quel momento Jonathan si sporge in avanti e batte la mano sulla spalla di Pietro.

– Ahó! Mi ha battuto una mano sulla spalla!

– Chi? – gli chiede Niccolò.

– L'israeliano. Che faccio? Che vorrà?

– Voltati e chiediglielo, no?

– *Hi*! Ciao Jonathan, come va?

– Bene. Cosa ha fatto la Roma ieri sera? – domanda Jonathan incuriosito.

– Ma come fai a sapere che giocava la Roma? – gli domanda sbalordito Pietro.

– Mio zio Riccardo, il papà di Cristina, è italiano, e ha l'abbonamento alla Tv satellitare per vedere le partite del vostro campionato. Lui tifa per la Roma, e così anch'io mi sono innamorato di questa squadra.

– E vai! Dammi il cinque! – si entusiasma Pietro e, ancora incredulo, esclama: – Ma no... Non è possibile!

Ed ecco che, agli occhi di Pietro, Jonathan diventa un vecchio amico al quale cantare la canzone della squadra del cuore: "Con te sempre sarò... magica Roma!"

– Dal tuo entusiasmo intuisco che la Roma ha vinto. E dimmi, chi ha segnato? – chiede ancora Jonathan.

– Ma neanche a chiederlo... il magico Totti.

Mentre i due continuano a parlare della Roma e del campionato italiano, Niccolò osserva Alì: gli dispiace vederlo in disparte e che non parla con nessuno.

– E Alì? – chiede a un tratto a Jonathan. – Anche lui segue il nostro campionato?

– Non lo so – risponde Jonathan. – Sinceramente non lo so; ma non credo proprio che lui abbia la Tv satellitare.

Alì sta guardando fuori del finestrino. Non presta molta attenzione al vociare dei compagni. Cerca di memorizzare quanto più possibile di ciò che vede. Gli è stata affidata una missione, anche se sa che non la porterà mai a termine. Ma sa anche che, al suo ritorno, non potrà fare a meno di rispondere alle domande insistenti di Hussan. Racconterà solo particolari irrilevanti per la realizzazione dei piani di guerriglia. In aeroporto ha osservato bene i soldati e le loro armi. Ha visto anche che la polizia ha cani sicuramente addestrati ad attaccare l'uomo. Ma di questo non parlerà. Lui ama gli animali e a casa lo aspetta Nuvola, la sua unica vera amica.

Alì osserva le strade affollate, caotiche, piene di gente. Così diverse da quelle del suo paese. Rivive il momento della partenza. Rivede sua madre, commossa, Abuh che, con le lacrime agli occhi, gli dice "divertiti" e Karim che lo guarda senza parlare. Mentre la voce di Hussan continua a ripetere "ricordati, ricordati". Per condurlo all'aeroporto l'ambasciata italiana lo aveva mandato a prendere con una macchina scura. Alì vi era salito. L'interno odorava di nuovo, di pulito, con i sedili comodi. Poi l'auto era partita, e Nuvola l'aveva seguita per un buon tratto di strada.

Avevano attraversato le strade di Betlemme. Alì aveva confrontato gli orgogliosi palazzi di Gerusalemme e di Tel Aviv con le case palestinesi, povere, trascurate, polverosi cubi di mattoni e di cemento.

Ora, mentre osserva Roma attraverso il finestrino del pullman, nota che quella città assomiglia sempre più alle nuove costruzioni di Gerusalemme. Ma a Roma non ci sono tutti i soldati che ha visto in Israele. Anzi, uscito dall'aeroporto non ce n'erano più. E uomini in divisa sembrano troppo impegnati a domare l'ingorgo nel quale si è imbottigliato il pullman, per pensare ad altro.

– Hai visto Alì come ci accoglie Roma? – gli domanda Cristina con un sorriso accattivante. La ragazza gli si è avvicinata improvvisamente, distogliendolo dai suoi pensieri.

Alì ricambia il sorriso, imbarazzato. Poi torna a schiacciare il naso contro il finestrino. È una bella giornata di dicembre. Roma si presenta con le decorazioni, i festoni, i Babbi Natale e i canti natalizi. Alì guarda anche le ragazze italiane. Lo imbarazzano. Così svestite. Malgrado il freddo. Così sfrontate. Uguali agli uomini nel modo di fare. Ragazze con i capelli al vento, ragazze con pantaloni che lasciano scoperto l'ombelico. "Le donne non possono e non devono mostrarsi così" riflette Alì. "Il Corano lo vieta". Però non può fare a meno di pensare a Cristina. Cristina gli piace. Ma Alì non vuole fare amicizia con lei. Teme di essere obbligato da Hussan a rivelargli questa sua amicizia con una israeliana. "Cristina deve essere davvero molto buona e generosa. In aereo è stata l'unica che mi ha rivolto la parola. Ha persino chiesto alla hostess gli ingredienti del cibo, per essere sicura che non ci fosse nessun alimento considerato impuro dalla mia religione. Ed è anche molto, molto carina". Ma non vuole fare amicizia con lei.

Alì continua a memorizzare ciò che vede.

"Anche qui ci sono i mercati. Mamma mia quante belle cose! Frutta di tutti i tipi, coloratissima, bibite, articoli d'abbigliamento...”. E pensa al rosmarino rinsecchito che sua madre si ostina a far crescere dietro la loro casa. Pensa ai suoi fratelli che si passano i vestiti gli uni con gli altri per anni e anni. E prova rabbia. Prova rabbia per la povertà sua e della sua famiglia. Prova rabbia perché non abiteranno mai in un condominio con i balconi pieni di piante. Prova rabbia pensando che, per spostarsi da un villaggio all'altro, bisogna attraversare i posti di blocco dell'esercito israeliano, che considera tutti i bambini potenziali terroristi. Prova rabbia e invidia per tutto ciò che vede. Per la vita normale che gli è preclusa. Preclusa a lui come a tutti i Palestinesi.

Alì nota che alcuni ragazzi indossano la *kefia,* il foulard tipico dei Palestinesi. Che siano suoi compatrioti profughi in Italia? Forse loro possono aiutarlo! Possono trovare una soluzione al quesito che si pone da tempo: “Si può essere un buon patriota senza ricorrere alla violenza?”

Osservando la gente che passeggia tranquilla, le centinaia e centinaia di auto, i grandi cartelloni pubblicitari e le insegne luminose di ogni tipo, Alì riflette: “Come sono strani gli italiani. Vivono in un paese ricco, da sempre in pace, eppure non si vede sventolare da nessuna parte la loro bandiera: il tricolore”. E, con molta amarezza, pensa a quante case della Palestina, invece, pur se povere e diroccate, espongono orgogliosi la bandiera del loro Paese. Di uno Stato che non c'è più!

Scheda di verifica

🕮 IL TESTO

1. *Abbiamo elencato alla rinfusa gli episodi in cui si può suddividere il capitolo. Disponili nell'ordine cronologico seguito nella narrazione numerandoli da 1 a 13.*

☐ I ragazzi credono che i nuovi arrivati siano tre ragazzi di colore.

☐ Pietro indica ai compagni due poliziotti che si aggirano fra i passeggeri con un cane lupo addestrato per l'antidroga.

☐ Niccolò è dispiaciuto per il fatto che Alì se ne sta in disparte.

☐ Il preside presenta i nuovi ospiti ai ragazzi della Terza C, e Niccolò, guardando Cristina, la paragona a una famosa cantante.

☐ I ragazzi guardano da una vetrata le piste di decollo.

☐ Alì, guardando fuori del finestrino, pensa alla missione che gli è stata affidata da Hussan.

☐ Lina Morselli confessa alla professoressa Lorenzini di essere emozionata per l'arrivo dei tre ragazzi, ma che è anche preoccupata per Alì, perché teme che il ragazzo possa sentirsi solo.

☐ La professoressa Cesaretti intima ai ragazzi di non oltrepassare la vetrata che dà accesso all'area doganale.

[*1*] La Terza C giunge all'aeroporto.

☐ Pietro avvicina un gruppo di turisti giapponesi con i quali la Terza C si scambia indirizzi e strette di mano.

☐ Cristina si presenta parlando in perfetto italiano e dice che anche suo cugino Jonathan e Alì se la cavano altrettanto bene.

☐ Mentre l'insegnante d'inglese guida la Terza C nella sala d'arrivo dell'aeroporto, i ragazzi si divertono a guardare la folla cercando di individuare i loro tre ospiti.

☐ Nel pullman, Jonathan chiede a Pietro il risultato della partita di calcio in cui ha giocato la Roma.

I PERSONAGGI

2. *Descrivi l'aspetto fisico di questi tre personaggi.*

Alì

....

....

Cristina

....

....

Jonathan

....

....

LA PRODUZIONE

– La professoressa Morselli è felice ed emozionata per l'arrivo dei tre nuovi ospiti. Tuttavia è preoccupata per la responsabilità che si è assunta favorendo un'iniziativa certamente lodevole e costruttiva ma anche abbastanza difficile da gestire.
Quali ostacoli potrebbe incontrare nella realizzazione di questo suo progetto? Quali, invece, i vantaggi che ne possono scaturire?

– Niccolò è dispiaciuto per Alì, che nel pullman se ne sta in disparte a guardare fuori del finestrino. Tuttavia si limita solo a chiedere a Jonathan se anche Alì segue il campionato di calcio italiano.
Che cosa avrebbe dovuto fare, secondo te, per coinvolgere Alì nella conversazione?

– "*Come sono strani gli italiani. Vivono in un paese ricco, da sempre in pace, eppure non si vede sventolare da nessuna parte la loro bandiera: il tricolore*".
Esprimi la tua opinione su questa riflessione di Alì.

Capitolo 8

Tra incubi, sospiri ed emozioni

Nella grande palestra, con un mix dei tre inni nazionali, davanti alle bandiere italiana, israeliana, palestinese e a quella dell'Unione europea, la scuola dà il benvenuto ai suoi ospiti. È un momento davvero emozionante.

Gli occhi di Alì, ora spauriti, ora incuriositi, ora assenti, richiamano l'attenzione di Cristina.

"Vorrei addolcire la sua malinconia. Ma come?" Cristina non sa che Alì vivrà queste sue vacanze tra incubi e sogni. Il suo fucile troppo grande lo perseguita.

Gli insegnanti fanno le presentazioni accompagnate da sinceri scrosci di applausi. Poi, le ragazze cominciano a cicalare, i ragazzi parlano di calcio.

Le professoresse Morselli e Lorenzini, intanto, pensano alla sistemazione dei loro tre ospiti. Tutti i genitori presenti alla manifestazione si offrono spontaneamente. E così si ricorre all'estrazione a sorte. Alì andrà a casa di Pietro che, dalla gioia, incomincia a dirigere il coro della Roma, fischiato da laziali e juventini.

Miriam sarebbe felice di ospitare Jonathan, col quale le piacerebbe instaurare un bel rapporto di amicizia. Il ragazzo, invece, finisce a casa di Alessandro. Cristina sarà ospite di parenti romani.

– Vedrai, Alì: ti farò un corso intensivo di calcio italiano! Ma che giochi fate lì da te? – gli domanda Pietro.

– Anche noi giochiamo a calcio, nelle strade – dice Alì, e intanto pensa: "Quando non dobbiamo addestrarci per la guerra".

– Bene, immagina che bello se si scopre che tu hai un grande talento. Magari ti ritrovi a giocare nella Roma, diventi ricco e famoso e io ti faccio da procuratore! Però sei troppo magro. Ma non ti preoccupare, ci penserà mia madre *a fatte l'abbacchio che è 'n capolavoro*! Qualche giorno ad abbacchio e gnocchi alla romana e vedrai che fisico ti salta fuori!

– Più che il fisico, temo che gli salti fuori la pancia! – sorride Cristina, che ha seguito la conversazione.

– Ma che bestia è l'abbacchio? – chiede Alì.

– Non lo so – confessa Pietro. – So che si mangia ed è buono!

– È agnello, Alì – gli spiega Cristina.

– Ah, già... scusa, Alì. Lo puoi mangiare vero? – gli domanda Pietro preoccupato.

– Sì, lo mangiamo anche noi. Invece voi cristiani potete mangiare tutto quello che volete, vero?

– Certo che sì. Tranne la carne in certi giorni. Ma nessuno ci fa più caso. Mia nonna però lo fa: non mangia carne il venerdì dopo carnevale. Ma poi, finita la Quaresima, *se magna certi abbacchi allo scottadito*!

– Che vuol dire "se magna"?

– Significa "si mangia", che poi è il mio sport preferito, oltre al calcio naturalmente. Oè, mi sembra che siamo amici da sempre e mi viene di parlarti in romanesco!

Alì sorride, frastornato. Sì, anche a lui Pietro piace. E molto. Come gli piacciono gli occhi grandi e lo sguardo penetrante di Cristina. Uno sguardo, però, che gli trasmette inquietudine e timore.

Un improvviso senso di tristezza lo invade. "Vorrei essere all'altezza di Karim, ma senza uccidere" pensa, mentre la sofferenza, che ha preso fissa dimora nel suo animo, gli trasforma il volto.

– Che cos'hai Alì? – gli chiede Cristina con apprensione.

– Al... al check-in... in aeroporto – farfuglia Alì, imbarazzato. – Ci hanno fatto togliere perfino le scarpe...

– È solo una precauzione. Sai, dopo l'attentato dell'11 settembre... Ma tranquillizzati, sei tra amici qui.

Un "wow" e dei "viva l'Italia, viva Gerusalemme, viva la Palestina" accompagnano l'entrata di alcuni ragazzi, che spingono carrelli ricchi di cibarie. L'allegria diventa subito contagiosa. E finalmente anche Alì sorride, mentre il suo stomaco comincia a protestare.

– È davvero commovente vedere l'accoglienza che i nostri ragazzi stanno riservando ai tre ospiti – afferma compiaciuta la Lorenzini.

– In questi giorni dovremmo riflettere insieme sulle due diverse verità. Sui due diversi modi di guardare e di leggere la realtà – suggerisce la Morselli.

– Certo. Sono due diversi piani di confronto e di scontro. Quello israeliano e quello palestinese.

– Due mondi che faticano a comunicare.

– Storie diverse. Adolescenze parallele e lontane. In preda a inquietudini e timori.

– Già. Proprio così. Lo è per i nostri ragazzi, che vivono in un paese pacifico, pensa come può essere per i nostri ospiti, che vivono in mezzo alla guerra.

– Professoresse, che fate non mangiate? – l'invito di Pietro sovrasta il vociare dei duecento ragazzi. Vedendo che le due insegnanti non hanno ancora toccato nulla di tutto quel ben di Dio, si precipita verso di loro con un vassoio colmo di tanti appetitosi stuzzichini. Ma, nell'euforia di rendersi utile, inciampa buttando in aria bicchieri di coca-cola e fette di torta, che finiscono sulle facce di Alessandro e Niccolò.

Segue un'ilarità generale, che si comunica anche ad Alì, che finalmente scoppia in una risata liberatoria.

Cristina approfitta subito della evidente distensione di Alì, e gli chiede: – Hai visto, quando siamo venuti dall'aeroporto, com'è bella la campagna romana?

– Sì. Bellissima.

– Abbiamo tante cose da raccontarci – lo incoraggia Cristina con un sorriso, aggiungendo: – Però, anche la nostra campagna è bella. Gli Ebrei l'hanno coltivata, irrigata, abbellita con alberi, fiori di eucalipti, boschi... È come se il nostro paese fosse un immenso giardino.

"Distruggendone un altro. Quello nostro. Quello palestinese" pensa Alì. E vorrebbe dirle: "Forse, non era così bello, così pulito, così ordinato. Così fiorente. Così ricco... Ma era nostro! È nostro! E per migliaia di Arabi è la casa, è la patria!" Ma questi pensieri Alì non ha il coraggio di esternarli. Teme di ferirla. O, peggio ancora, di impelagarsi in una conversazione politica. E lui, di politica, sa solo che è meglio morire piuttosto che vivere come morti. Perciò preferisce rispondere: – Sì, è vero.

Intanto Miriam si avvicina a Cristina.

– È simpatico Jonathan. Hai detto che siete cugini, vero?

– Sì. Le nostre mamme sono sorelle. Abbiamo in comune una nonna fantastica!

– Davvero?

– Sì, nonna Ester. Sai, fa l'archeologa. Anche io da grande sarò archeologa. Tu sei fortunata a vivere qui a Roma, fra tutti questi splendidi monumenti!

– È vero. Ma sai, non ci si fa tanto caso quando sei abituata a vederli tutti i giorni. Ma tu eri già stata a Roma? La professoressa ha detto che hai parenti italiani.

– Sono stata a Roma molte volte, con la nonna e i miei genitori. Mio padre è italiano.

– E tu sei cristiana, vero? Dunque, tuo padre è italiano, tua madre ebrea come tuo cugino. E tua nonna è un'archeologa. Certo, è un po' complicato!

– È vero. Ma sai, non ci si fa tanto caso quando sei abituata a vederli tutti i giorni! – risponde Cristina, ripetendo le stesse parole della ragazza. Poi ride, e la sua allegria contagia Miriam.

– Scusami, ero così preoccupata di fare una gaffe con te, che ne ho subito fatta una. Non è vero che hai una famiglia complicata. Anche io ho un nonno ebreo. Ma, dimmi, come si vive là da te? Non hai paura?

Cristina per un attimo tace. Smette di sorridere e diventa seria.

– Un anno fa è esploso l'autobus che solitamente prendevo per andare a scuola. Io ero a casa malata, quel giorno. È morto un mio compagno di classe, insieme a tanta altra gente che vedevo tutte le mattine.

– Che cosa terribile!

– Per qualche settimana ho avuto paura e non sono uscita di casa. Ora a scuola vado a piedi e non sto volentieri in posti affollati. Prego sempre che venga presto la pace.

– Io non potrei vivere così.

– Già, ma purtroppo è così che si vive in Israele, come del resto anche in Palestina.

– Però, nonostante tutto, sei molto gentile con Alì. L'ho notato, sai?

– Sì. Sono convinta che solo con la comprensione e con l'amore potremo riportare la pace in Palestina e in Israele... E poi Alì è un bel ragazzo!

– È vero – sorride Miriam. – Però...

– Però...?

– Jonathan è più bello! Fa molto sport?

– Sì, è un bravo nuotatore.

– Zitta! Eccolo! Sta venendo qui! Aiuto! – arrossisce Miriam.

– Cristina, io devo andare – dice Jonathan. – I genitori di Alessandro vogliono tornare a casa. D'altronde Alessandro deve ripulirsi: hai visto com'è conciato? Ha pezzi di torta alla panna dappertutto. Poveretto! Dice che detesta la panna!

– Bene. Ci vediamo domattina, allora – lo saluta Cristina.

– Sì. Per la visita in pullman a Roma.

– Poi torneremo in classe – dice Miriam guardando Jonathan. – Mio nonno ci parlerà della Shoah[1]. Sai, lui è stato nei campi di concentramento.

– Tuo nonno è ebreo? – chiede con interesse Jonathan.

– Sì – risponde lei, contenta di aver finalmente trovato un pretesto per "rompere il ghiaccio" con un ragazzo che le piace.

Il mattino dopo, al ritorno della breve gita in pullman per Roma, i ragazzi rientrano a scuola per incontrare il nonno di Miriam, che parlerà loro della Shoah. Ma a quel punto Alì si rifiuta di entrare in classe.

– Non intendo assistere a una propaganda sionista! – Alì è agitatissimo e quasi urla le sue ragioni al preside e alla Morselli, che lo ascoltano in silenzio, visibilmente preoccupati.

– Ragazzo mio – ribatte il preside – non si tratta di fare propaganda. Ma se sei qui è proprio per conoscere meglio gli altri.

– Conosco molto bene gli Ebrei! Solo pochi giorni fa li ho visti radere al suolo una delle nostre case.

– Sì, ma cosa sai della Shoah? Non pensi che sia importante sapere cosa è successo e sentirlo raccontare da qualcuno che l'ha vissuta?

– Io conosco la nostra, di Shoah. Quella di noi Palestinesi. Perché non parliamo piuttosto di questo?

– Ma certo che lo faremo. Anzi, saremo felici se vorrai parlarci dei vostri problemi e di come vivete oggi – lo invita il preside.

---

1. *Shoah*: termine ebraico per designare lo sterminio degli ebrei a opera dei nazisti durante la seconda guerra mondiale.

– Ascolta, Alì – interviene la professoressa Morselli, rivolgendosi a lui come a un adulto. – Non ti sei trovato bene fin ora? Come ti hanno accolto Pietro e i suoi genitori?

– Bene. Ci siamo divertiti. Abbiamo giocato alla "Formula 1" con la playstation. E ho dormito nella stanza di Pietro. In un letto che si estrae da un cassettone sotto quello suo.

– Cosa ti hanno preparato per cena?

– Cuscus e spezzatino di manzo.

– Tu pensi che loro mangino cuscus tutti i giorni?

– ... Non so... sì... no, non credo.

– L'hanno fatto per te, giusto?

– Sì, certo. La mia religione mi vieta di mangiare carne di animali impuri, come il maiale, gli uccelli, l'asino, il mulo e anche alcuni tipi di pesce. Inoltre, gli animali che possiamo mangiare devono essere uccisi secondo i riti. Pronunciando il nome di Dio e tenendo la bestia rivolta verso La Mecca, le si taglia la gola.

– Tu pensi che la mamma di Pietro conosca tutte queste regole?

– Sì. Ne abbiamo parlato.

– Ma lei non le conosceva. Una sera abbiamo riunito qui tutti i genitori e abbiamo spiegato loro queste cose. L'abbiamo fatto per dovere di ospitalità. Ora non ti sembra il caso di contraccambiare questo sforzo?

– Non so... io non vorrei ascoltare la propaganda sionista – insiste Alì.

– Ascolta, Alì – continua l'insegnante – stamattina abbiamo visitato la Sinagoga, la basilica di San Pietro e la Moschea. Hai visto? Tre templi così importanti, così belli, convivono nella stessa città.

– Ma l'unico vero Dio è Allah.

– Oh, ma insomma! – si spazientisce il preside. – A questo punto...

– La prego, mi faccia fare un ultimo tentativo – lo interrompe la Morselli. Poi torna a rivolgersi ad Alì: – Non ti è piaciuto visitare gli altri templi?

– Sì. Non credevo di poter entrare in una Chiesa o in una Sinagoga.

– E cosa ti ha colpito di più?

– Le colonne della Grande Moschea – si entusiasma il ragazzo. – Così belle e potenti. Sì, anche San Pietro è tanto grande, bella... tutto quell'oro! E quel porticato immenso del Bernini, come mi ha spiegato Cristina, sembra che si protenda verso il mondo per abbracciare tutta la gente.

– Tutti o solo i cristiani cattolici?

Alì, prima di rispondere, abbassa gli occhi. Forse per riflettere.

– Sembrava che abbracciasse anche me.

– Eppure tu sei musulmano – gli fa notare il preside.

– Infatti – riprende la Morselli. – E il fatto che tu abbia visitato luoghi di culto diversi da quello che frequenti abitualmente non ha certamente influito sul tuo credo religioso. Allora, come pensi che sia stato possibile far coesistere tre templi di quel genere in una stessa città?

– Non lo so. Come?

– Con la tolleranza, che richiede sacrifici. E non ci si sacrifica solo combattendo armi in pugno per la propria religione e per la propria terra. A volte anche stare ad ascoltare gli altri può essere un sacrificio. Che richiede non meno coraggio. Tu desideri la pace, lo so. Hai scritto un bellissimo tema sulla pace, che leggeremo in classe. Ma la pace e la convivenza non nascono dal nulla. Bisogna fare dei sacrifici. Non meno duri di quelli terribili che state facendo voi per riavere la vostra terra.

– Sì, è vero.

– Allora pensaci un attimo. Se quello che desideri è la pace, è meglio fare dei sacrifici per attaccare e uccidere altre persone, o è più giusto farli per imparare a convivere pacificamente con loro? È meglio la pace che aleggia nei cimiteri delle vittime di guerra, o è meglio quella che s'instaura tra persone diverse che imparano a conoscersi e a rispettarsi, vivendo assieme senza rinunciare alle loro idee diverse?

Alì tace. In cuor suo conosce la risposta e vorrebbe tanto buttare le braccia al collo della Morselli e dirle che ha ragione. Ma, con quel gesto, è come se in qualche modo si ritrovasse a rinnegare la sua religione e la sua patria. Tace.

– Forza, Alì, torna in classe – dice il preside. – Dimostra a tutti, con i fatti, che sei un ragazzo coraggioso.

Alì non risponde, ma, tutto assorto, si avvia verso la classe, riflettendo sul significato diverso che la parola coraggio può assumere in Italia e in Palestina.

Scheda di verifica

IL TESTO

1. *Riassumi brevemente le sequenze del capitolo cui abbiamo dato un titolo.*

1. Il "benvenuto" della Terza C

....

....

....

2. Estrazione a sorte

....

....

....

3. L'entusiasmo di Pietro

....

....

....

4. Il turbamento di Alì

....

....

....

5. A "torte in faccia"

....

....

....

6. L'approccio di Cristina

....

....

....

7. La gaffe di Miriam e la paura di Cristina

....

....

....

8. La protesta di Alì

....

....

....

I PERSONAGGI

ALÌ

2. *Per ciascuna delle situazioni che ti proponiamo, attribuisci ad Alì l'aggettivo che ritieni più appropriato.*

Situazione	Aggettivo
– Quando Pietro inciampa e fa volare in aria bicchieri di coca-cola e fette di torta.	....
– Quando Cristina gli parla di come gli Ebrei hanno reso bella e fertile la loro terra.	....
– Quando si rifiuta di entrare in classe perché non vuole "assistere a una propaganda sionista".	....
– Quando la professoressa Morselli gli fa notare lo speciale trattamento che gli stanno riservando i suoi ospiti.	....
– Quando l'insegnante gli spiega l'importanza dei sacrifici fatti per raggiungere la pace.	....

3. *Esprimi il tuo giudizio su come l'insegnante ha gestito la disagevole situazione che si è creata con Alì.*

....

....

....

I LUOGHI E L'AMBIENTE

4. *La religione cui appartiene Alì gli impone di seguire determinate regole alimentari. Così come accade per i musulmani, anche la religione cristiana ha delle regole che andrebbero rispettate dai fedeli. Da quanto hai letto nel capitolo, ma anche basandoti sulle tue conoscenze, prova a scrivere nella tabella alcuni divieti imposti da ciascuna delle due religioni.*

Musulmani	**Cristiani**
....	....
....	....
....	....
....	....
....	....

LA PRODUZIONE

– Per dovere di ospitalità la famiglia di Pietro ha rispettato le tradizioni e le usanze imposte dalla religione cui appartiene Alì.
Ti è mai capitato di ospitare un amico o anche solo un conoscente le cui abitudini, non specificamente alimentari, erano completamente diverse dalle tue? Come ti sei regolato, o come ti regoleresti in una situazione del genere?

– La professoressa Morselli dice ad Alì che "la pace e la convivenza non nascono dal nulla. Bisogna fare dei sacrifici...". Sei d'accordo con l'insegnante? Quali potrebbero essere i sacrifici che Palestinesi e Israeliani dovrebbero fare per poter convivere pacificamente?

Capitolo 9

Tutto è iniziato così

La Terza C, abbandonata per qualche minuto a se stessa, si è trasformata in un campo di battaglia. I maschi, con alcune cerbottane, stanno tirando palline di carta alle ragazze nei primi banchi.

– Bene ragazzi, eccoci di nuovo qui – annuncia la Morselli entrando in classe con Alì e con il nonno di Miriam, mentre i ragazzi ridiventano seri ed educati. – Il signor Giosuele sarà così gentile da raccontarci la sua esperienza di ex deportato.

La classe si fa subito silenziosa, curiosa di conoscere il nonno di una loro compagna. Giosuele è un bel signore anziano, con la barba e i capelli bianchi. Appena un po' robusto, d'aspetto bonario, con il suo sorriso franco mette subito tutti a proprio agio.

– Fa venir voglia di chiedergli di raccontare una favola – bisbiglia Niccolò ad Alessandro.

– Sst! Ascolta!

– È un po' strano per me essere qui, oggi, a parlarvi. Sapete, mi ricordo di quando mio nonno mi raccontava un altro fatto, che sono sicuro avrete letto sui libri di storia: la breccia di Porta Pia. Vi ricordate?

– Certo. Quando nel 1860 i bersaglieri entrarono in Roma, unificando l'Italia e facendo della Città Eterna la capitale del regno – interviene pronto Alessandro, precedendo Annalisa e Lucia pronte a rispondere anche loro.

– Bravo! Per gli Ebrei fu un gran giorno. Prima di allora vivevano in un ghetto umido, sovraffollato, che il Tevere in piena regolarmente allagava portando tanti di loro con sé.

– Ma perché? – chiede Pietro. – Non c'era posto da un'altra parte? Perché potevano abitare solo lì?

– Allora Roma era governata dal Papa, e la Chiesa accusava il popolo ebraico della morte di Gesù. Per questo gli Ebrei erano guardati con sospetto e venivano tenuti separati dal resto della popolazione. Solo di recente questa accusa infamante è caduta.

– Ma non potevano andare a vivere in un altro posto? – chiede ancora una volta Pietro.

– Dove? Era così dappertutto. Ma con il Regno d'Italia le cose cambiarono: finalmente gli Ebrei diventarono cittadini con pari diritti e dignità, come tutti gli altri. Immaginate quindi il nostro dolore quando il fascismo introdusse le leggi razziali.

– Cosa successe?

– Noi ragazzi venimmo improvvisamente separati dai nostri compagni, e fummo costretti a frequentare scuole ebraiche. C'erano buoni insegnanti, ma improvvisamente un muro invisibile si era alzato fra noi e i nostri amici di un tempo. Non c'era razzismo prima. Ma la paura delle rappresaglie fasciste lo fece nascere in fretta, dal nulla. Non era più possibile andare a casa dei nostri vecchi amici per giocare, come si era sempre fatto. Molti negozi esponevano dei cartelli. Me ne ricordo uno, in particolare: "In questo negozio non entrano cani ed ebrei". E poi c'era la violenza. Spesso i fascisti ci aspettavano fuori della scuola. Urlavano insulti e cantavano canzonacce. Gettavano sassi contro i vetri delle finestre.

– Vi facevano del male?

– Se potevano sì. Le offese fisiche però erano il meno. Faceva molto più paura sapere che non avevamo alcuna protezione dalla legge. Tuttavia il peggio doveva ancora venire. Gli Italiani non avevano portato le leggi razziali alle estreme conseguenze. Furono i Tedeschi a farlo. Specie dopo l'8 settembre 1943, dopo l'armistizio.

Il nonno di Miriam fa una pausa, si passa la mano tra i capelli, poi riprende:

– Un giorno ci vennero a prendere a casa. Bussarono alla porta. Era la Gestapo[1] con alcuni fiancheggiatori italiani, che ci avevano denunciati. Mio padre cercò di convincerli a lasciar stare la nonna, che aveva ottantaquattro anni. Ma non ci fu nulla da fare. Ci urlarono di prendere le nostre cose e di lasciare la casa. Scendemmo in strada spaventati e con pochi fagotti in mano.

Gli occhi di Alì diventano lucidi. Quante volte ha assistito alla stessa scena. Soltanto pochi giorni prima di partire ha visto gente strappata alla propria casa, portata in strada sotto la minaccia delle armi. E poco importa che si tratti di soldati che reagiscono a qualche attentato, e non di criminali rapinatori. Lo strazio è lo stesso. Senza volere i suoi occhi incontrano quelli di Cristina. Lei lo guarda e sembra capire a cosa sta pensando Alì.

– Ci portarono a Regina Cœli – continua Giosuele. – Ci fecero mettere con la faccia al muro nel cortile. Non capivo cosa potessimo aver fatto per essere portati lì. In mezzo a criminali di ogni genere. Io e mio padre fummo separati dalla mamma e dalle mie sorelle. Non le avrei più riviste, ma allora non lo sapevo. Avevo molta paura.

Alì pensa a suo padre, a quel giorno in cui era uscito di casa per andare al mercato. Lui era piccolo, stava giocando con una macchinina davanti alla porta di casa. Sente, come se fosse adesso, le braccia forti del padre che lo sollevano per dargli un bacio. Non l'avrebbe più rivisto. Mai più. Poco dopo si era sentito un

1. *Gestapo*: polizia segreta di stato della Germania nazista.

boato. Come tanti. Un missile aveva colpito il mercato, e suo padre non era più tornato.

– In prigione cominciai a patire la fame – le parole di Giosuele distolgono Alì dai suoi pensieri. – Eravamo in cella con altri uomini, che mi cedevano parte del loro cibo. Ma non ce n'era abbastanza per tutti. Dopo alcuni giorni cominciarono a chiamare alcuni di noi e ci fecero mettere in fila nel corridoio. Un brivido percorse il carcere. Era successo lo stesso il giorno delle Fosse Ardeatine. Chiamarono anche me. Mio padre urlava: "Pietà! Prendete me!". Poi chiamarono anche lui. Pensammo che fosse finita.

– E cosa accadde poi? – chiede Niccolò.

– Ci chiusero in un camion e attraversammo la città. Poi ci caricarono su un treno. Non erano vagoni normali, erano carri bestiame. Non c'era spazio per distendersi, nemmeno per i malati. Si poteva stare a malapena accucciati per terra. Ci organizzammo alla meglio con delle coperte. Poi cominciò il tormento della sete. Non avevamo da bere. Ci avevano detto di fare provviste, ma con che cosa? Il viaggio durò alcuni giorni, non ricordo nemmeno più quanti. Con il sole i carri si arroventavano e l'aria diventava irrespirabile. Dai vagoni vicini sentivamo le madri implorare pietà e chiedere acqua per i loro bambini.

– Non vi facevano mai scendere?

– Sì. Una volta sola, prima di lasciare l'Italia. Ad Ora. Per farci prendere dell'acqua e del cibo. Prima, però, fecero l'appello. Nei vagoni qualcuno era morto, e volevano essere certi che nessuno potesse fuggire. Ci fecero mettere in fila. Come automi prendemmo l'acqua, un po' di formaggio e risalimmo sul vagone. Chi voleva sdraiarsi spingeva via gli altri con la forza. Mio padre cercava di difendermi come poteva, e teneva per me l'acqua e il cibo. In una stazione ci diedero della zuppa calda e della paglia da mettere sul pavimento.

– Ma non arrivavate mai?

– Impiegammo diversi giorni. All'arrivo ci fecero scendere davanti alle SS[2] urlanti. Dopo tanti giorni di immobilità e di stenti era difficile camminare. Invece le SS volevano che ci muovessimo in fretta. Ci spingevano con bastonate e ci aizzavano contro i cani. Mio padre mi abbracciava e continuava a ripetermi: "Non perdere la dignità. Qualsiasi cosa succeda. Ricordati che sei un essere umano. Non perdere la dignità. È l'unica cosa che ci rimane".

Nonno Giosuele rimane in silenzio. Cerca di ricacciare in gola la commozione.

I ragazzi pendono letteralmente dalle sue labbra.

– Sempre a forza di bastonate ci spinsero in una baracca obbligandoci a denudarci e a dare le nostre generalità. Poi ci rasarono e ci raschiarono con una lama tutto il corpo. Infine ci fecero la doccia e ci tatuarono un numero sul braccio. Ecco, guardate.

Giosuele si scopre il braccio su cui è tatuato un numero: B 4407. Alcuni ragazzi si alzano dai banchi e si avvicinano alla cattedra per vedere meglio.

– Dovevamo subito imparare il numero in tedesco. Da quel momento non eravamo più persone ma numeri. E se ci chiamavano e non rispondevamo subito ci picchiavano.

– Lei fu mai picchiato? – chiede Annalisa.

– Sì. Diverse volte. Alcune sotto gli occhi disperati di mio padre.

– Ma cosa vi facevano fare tutto il giorno? – s'informa Lucia.

– Lavoravamo. Io scavavo assieme ad altri dei canali per raccogliere l'acqua piovana. In mezzo al fango, all'acqua, al freddo.

– Non è possibile che degli esseri umani abbiano fatto delle cose del genere ai loro simili – commenta Pietro.

---

2. *SS*: formazione militarizzata del partito nazista, che aveva prevalentemente compiti di polizia.

– Purtroppo è così, invece. Tutte quelle cose che si vedono nei film sono vere – risponde Giosuele. Poi riprende: – Sapevamo tutti dei forni crematori, e spesso ci veniva ordinato di sfilare nudi davanti ai soldati. Così giudicavano chi era ancora in grado di lavorare. Chi non era più adatto veniva separato dagli altri. E non faceva più ritorno. Pian piano il numero dei prigionieri da selezionare aumentava. Alla fine venivano prelevati interi gruppi e mandati ai forni, da cui si alzavano alte colonne di fumo nero.

– Ma fra di voi c'era solidarietà? Certo, aiutandovi a vicenda c'erano più possibilità di sopravvivere.

– Al contrario. Ho visto risse feroci per qualche briciola di pane. E se le guardie se ne accorgevano, erano botte selvagge per tutti. Mancava persino l'acqua. Non esisteva quella potabile e veniva distribuita quella bollita solo all'inizio della giornata. Poi più nulla!

– E lei? Come ha fatto a sopravvivere? – s'informa Alessandro.

– Ero giovane e forte. Mio padre non ce la fece. La notte che morì lottai come un leone per impedire che gli altri prigionieri toccassero il suo corpo. Ma non ci fu nulla da fare. Mi tennero fermi in quattro mentre altri gli toglievano le scarpe e gli frugavano addosso alla ricerca di un po' di cibo.

– E poi, come è finito tutto questo?

– A un certo punto hanno smesso di usare i forni. Un giorno i Tedeschi andarono via in fretta e furia e ci lasciarono soli. Poco dopo arrivarono i Russi. Perquisirono le baracche alla ricerca di soldati tedeschi poi se ne andarono. Solo dopo qualche giorno arrivò una cucina da campo. Ma i nostri poveri corpi non erano più abituati al cibo. Ho visto gente morire. Morire perché aveva mangiato troppo. Io svenni, mi ritrovai in ospedale. Della mia famiglia, e lo seppi molto tempo dopo, non si era salvato nessuno. Quando riuscii a piangere, compresi che ero salvo e che mi stavo riprendendo.

– Miriam, non ci hai mai raccontato queste cose di tuo nonno! – esclama Niccolò.

– Non sono cose belle da raccontare.

– Ma noi non pensavamo, non immaginavamo tutto questo – interviene Alessandro.

– È vero, chi poteva immaginare che quello che si vede nei film fosse vero e anche peggio! – commenta Pietro.

– Israele ora è un paese potente, con i suoi carri armati e i suoi aerei – osserva Annalisa. – La Sinagoga di Roma sembra un posto così tranquillo e sereno, oggi.

– Già, se non si fa caso ai carabinieri, che all'esterno controllano per impedire che qualche autobomba possa distruggerla – precisa Miriam.

– Ragazzi, abbiamo scelto di dedicare questo tempo alla storia della Shoah in Italia, proprio perché, insieme, potessimo capire come tutto è nato – interviene la Morselli e, a quel punto, prende la parola per proseguire con la lezione: – Nel 1947, poi, dopo che la gran Bretagna abbandonò la Palestina, terra che aveva occupato fin dal 1917, arrivarono in Palestina centinaia di migliaia di profughi ebrei provenienti da tutta Europa. Così, nel 1948, sorse il nuovo Stato d'Israele, coronando il sogno del movimento sionista, che, nei decenni precedenti, aveva riportato in quella terra migliaia e migliaia di Ebrei.

– Io sto con gli Ebrei! – esclama Pietro. – Se hanno patito tutto questo, hanno ben il diritto di avere uno Stato tutto loro!

– Sei un voltagabbana! Prima stai con i Palestinesi e adesso ti metti con gli Ebrei! – lo rimprovera Alessandro.

– Non è questione di torto o ragione – interviene con autorità nonno Giosuele. – Non è come in una partita di calcio, dove si può fare il tifo per l'una o per l'altra squadra. Ieri con la Shoah, oggi in Palestina, chiunque vinca, alla fine perdiamo tutti. Chi pensate che avesse meno dignità in quei momenti? Noi, sporchi e affamati? O le SS, che ci bastonavano?

– Non so... nessuno dei due credo – interviene Cristina.

– Appunto.

– Sì, nessuno dei due – conferma decisa Cristina. – Voi perché eravate trattati come bestie, le SS perché si comportavano da bestie.

– Esatto. Io ho pensato molto alle parole di mio padre: "Non perdere la dignità". Cosa intendeva secondo voi? Per me voleva dire non perdere la dignità di essere umano. Di persona che sa soffrire, ma soprattutto che sa amare, e offrire tutta la sua vita a Dio. Credetemi, ieri come oggi, quando un uomo fa certe cose a un suo simile nessuno vince. Perdono tutti. Da qualsiasi parte stia la ragione.

– Ora mi sono chiare molte cose – interviene Alessandro. – Però, professoressa Morselli, vorrei sapere qualcosa di più preciso riguardo alla Palestina e alla cosiddetta questione palestinese.

– Sì, hai ragione. Cercherò di spiegare quello che hai chiesto e cercherò di essere breve. Dunque, la Palestina storica era la regione del Medio Oriente confinante a Nord e a Est con il Libano, la Siria e la Giordania, a Sud con il deserto del Sinai in Egitto, a Ovest con il Mediterraneo. Essa fece parte dell'Impero ottomano fino al 1920, quando fu affidata in mandato politico-amministrativo alla Gran Bretagna, che, come abbiamo detto, l'aveva invasa nel 1917 nel corso della prima guerra mondiale.

– E abbiamo detto anche che poi la Gran Bretagna decise di abbandonare la Palestina – interviene Lucia, per dimostrare di aver seguito la lezione.

– Esatto. Nel febbraio del 1947 gli Inglesi dichiararono di voler rinunciare al mandato e demandarono all'Onu qualsiasi decisione sul futuro assetto della regione. Bisogna considerare, a questo proposito, che, fin dagli inizi del Novecento, in Palestina si verificò una forte immigrazione ebraica, essendo la *Terra promessa* dell'Antico Testamento, che diede ben presto luogo a cronici e violenti contrasti con la popolazione indigena di origine araba. L'Onu, dunque, reputando impossibile far convivere Palestinesi ed Ebrei in un'unica formazione politica, decise di creare in Palestina due Stati distinti, l'uno palestinese e l'altro ebraico, che avrebbe poi assunto il nome di Israele.

– E che successe poi? – domanda Alessandro.

– Gli Arabi non accettarono questa soluzione, denunciando l'arbitrarietà della decisione dell'Onu che avrebbe imposto a una gran parte dei Palestinesi di abbandonare le loro terre per far posto a una popolazione estranea e ostile. Gli Arabi, sostanzialmente, ritenevano che la nascita dello Stato ebraico in Palestina perpetuasse la logica imperialistica dell'Europa nei loro confronti. Per questo, fin dal 1945, gli Stati arabi indipendenti di Egitto, Arabia Saudita, Yemen, Siria, Giordania, Iraq e Libano, cui si aggiunsero in seguito Libia, Sudan, Tunisia, Marocco, Kuwait e Algeria, oltre che l'Olp, avevano dato vita alla *Lega Araba*, che si proponeva la cooperazione economica e politica degli Stati arabi e al cui interno fu successivamente costituito un ufficio per il boicottaggio dello Stato di Israele. La nascita ufficiale dei due nuovi Stati in Palestina era stata fissata dall'Onu per il maggio 1948, ma essa non ebbe mai luogo. Infatti, non appena gli Inglesi ebbero lasciato la regione, la Lega Araba scatenò la guerra di liberazione contro Israele. Gli Ebrei, però, durante il periodo della dominazione britannica, avevano organizzato un esercito per difendersi dalle persecuzioni cui erano sottoposti da parte dei capi religiosi arabi.

– E come andò a finire? – chiede Pietro, ansioso di sapere come sono andate le cose.

– Israele mostrò un'imprevista capacità militare e fu in grado non solo di resistere ma anche di contrattaccare e conquistare l'intera Palestina, integrandola completamente nei propri confini, salvo la Striscia di Gaza al Sud e la Cisgiordania a Est, di cui si appropriarono rispettivamente l'Egitto e la Giordania.

A questo punto era fallito il piano di spartizione approntato dall'Onu. In pratica la Palestina mandataria si era trasformata in uno Stato unitario, quello di Israele. Molti Palestinesi furono costretti all'esilio disperdendosi nei vari Stati arabi del Medio Oriente, soprattutto in Giordania, e affollando quelli che da allora in poi sarebbero stati chiamati *campi profughi*, localizzati soprattutto nella Striscia di Gaza e in Cisgiordania. I Palestinesi che rimasero entro i confini dello Stato di Israele dovettero accettare uno stato di permanente subordinazione e di limitazione dei diritti civili.

– E da allora tutto è rimasto così? – s'informa Niccolò.

– In seguito, ci furono altre fasi del conflitto. In particolare, nel 1967 Israele scatenò una fulminea "guerra preventiva" che, nel giro di sei giorni, portò alla sconfitta totale dell'esercito arabo e alla conquista, e successiva occupazione, da parte di Israele, del Sinai, della Striscia di Gaza, delle alture del Golan e della Cisgiordania, compresa la parte est di Gerusalemme. Successivamente gli attentati sanguinari e mortali dei kamikaze palestinesi in Israele e le stragi perpetrate dall'esercito Israeliano tra i Palestinesi, unite alle condizioni miserissime e senza libertà in cui sono costretti a vivere questi ultimi nei territori occupati, hanno allargato il solco di odio tra i due popoli. Ci sono stati, in verità, vari tentativi, promossi dall'Onu, dall'Europa, dagli Usa, per giungere a una pace duratura. Varie volte è sembrato che si giungesse a un accordo serio tra le parti. Purtroppo, non c'è stato niente da fare: come sapete, ancora oggi continuano, anzi sono intensificati, gli attentati e le rappresaglie che causano centinaia e centinaia di vittime civili tra Israeliani e Palestinesi.

– Prof, ci dice qualcosa anche sull'Olp e su Arafat? – interviene Annalisa.

– Beh, è presto detto. L'Olp è la sigla dell'Organizzazione per la liberazione della Palestina ed è stata fondata nel 1964 con lo scopo di coordinare le forze della guerriglia palestinese. Essa per anni è stata guidata da Yasser Arafat, che già era leader di Al Fatah, il maggior movimento guerrigliero palestinese. Oltre all'Olp, ci sono da tempo altri movimenti di guerriglieri, di cui i più importanti risalgono alle fazioni islamiche e radicali: Hamas, Sihad, Jihad, Al-Aqsa. È bene ricordare che Arafat fu eletto Presidente del Consiglio nazionale dell'Autorità nazionale palestinese, formatosi nel 1996 dopo le prime elezioni palestinesi della storia.

Dopo la lunga disquisizione dell'insegnante di italiano, segue qualche secondo di silenzio, che viene interrotto da Alì, il quale sente di dover dire qualcosa.

– Io non sono mai stato in un campo di concentramento, ma vivo in un paese dove non c'è lavoro e dove la gente è molto povera. Mio padre è stato ucciso da un missile israeliano mentre si recava al mercato. So cosa vuol dire patire la fame. A pochi metri da casa mia c'è una barriera di filo spinato che non si deve attraversare. Per spostarsi da una parte all'altra bisogna passare un posto di blocco presidiato da soldati armati. Provo tanta rabbia. Solo pochi giorni fa ho visto una famiglia costretta dai soldati ad abbandonare la propria casa. Esattamente come successe alla sua, signor Giosuele, e, ascoltando le sue parole, ho provato lo stesso dolore.

– Hai ragione, Alì. Proviamo lo stesso dolore sia che siamo musulmani sia che siamo ebrei o cristiani – interviene per la prima volta Jonathan. – Il dolore è lo stesso per tutti.

– È così difficile, allora, provare anche lo stesso amore? – dice a un tratto Cristina, ponendo una domanda che resterà a lungo nella memoria dei suoi nuovi amici.

Scheda di verifica

📖 IL TESTO

1. *Riassumi brevemente il racconto che nonno Giosuele fa della sua esperienza di ex deportato.*

....

....

....

....

....

....

....

....

....

....

....

....

....

....

....

....

....

....

....

....

....

....

I PERSONAGGI

2. *Descrivi l'aspetto fisico di nonno Giosuele. Scegli poi una situazione del capitolo in cui, con il suo racconto, ti ha particolarmente colpito e attribuiscigli l'aggettivo che ritieni più appropriato.*

Aspetto fisico ....

....

Situazione ....

....

Aggettivo ....

I LUOGHI E L'AMBIENTE

3. *Alessandro chiede alla Morselli di parlare della cosiddetta questione palestinese. Ripercorri brevemente il percorso storico-politico che l'insegnante ha fatto per soddisfare la richiesta del ragazzo.*

....

....

....

....

....

....

LA PRODUZIONE

– La "giornata della memoria" è un giorno dedicato alle vittime dello sterminio degli Ebrei durante l'epoca del nazismo.
  Avrai certamente visto un documentario o un film sull'argomento. Scegli un episodio a essi legato che ti ha particolarmente colpito e commentalo insieme con i tuoi compagni di classe. Se non hai mai visto né un documentario né un film, ispirati al racconto di nonno Giosuele.

Capitolo 10

In giro per Roma

La notte di Alì trascorre tra sogni e incubi. Smania, suda e ogni tanto si agita sbuffando. Pietro, che si è svegliato di soprassalto, lo osserva.

"È insofferente verso qualcosa o qualcuno, che lo irrita e lo preoccupa" pensa.

Al mattino si svegliano quasi contemporaneamente.

– Stanotte ti sei agitato molto – dice Pietro.

– Non me ne sono accorto.

– Forse hai fatto un brutto sogno? Qualche incubo?

– Mah... non ricordo.

– Magari il Feroce Saladino...

– Voialtri avete un'opinione sbagliata del Saladino – osserva con decisione Alì.

– Perché, non era feroce?

– Devi sapere che quando, nel 1187, Saladino riconquistò Gerusalemme dopo la seconda crociata, fece ricostruire le sinagoghe e lasciò aperte al culto tutte le chiese cristiane. E per i sette secoli successivi nessuno venne ucciso per avere professato la propria religione.

– Bene, allora è il caso di riabilitarlo – conclude Pietro.

La casa di Pietro non è lussuosa, ma Alì la trova molto bella e comoda, piena di cose da scoprire. Come, per esempio, i televisori accesi quasi in ogni stanza e tanti libri.

– Perché tante televisioni? – gli domanda Alì.

– Perché mia madre, passando da una stanza all'altra, segue tutti i programmi. Sai, lei non lavora – gli risponde Pietro. – Mio padre invece fa l'impiegato in posta.

– E le faccende di casa chi le fa? Avete la donna di servizio?

– Ma che scherzi? Ci pensa mia madre! Che ti credi, mica siamo ricchi noi!

– Ma hai appena detto che non lavora.

– *Ahó, a fa' da magna' tutto er giorno* a casa propria non è mica un lavoro! Lavorare è fare il medico, come la mamma di Niccolò, o la cameriera, come la mamma di Alessandro. Ma la mia non lavora. Mio padre è molto orgoglioso di riuscire da solo a mantenere la famiglia. E non ci manca nulla.

– Beh, fare da mangiare, tenere la casa pulita... è comunque un lavoro. Comunque hai proprio una bella casa. E quanti libri...

– Sì, la mamma ha voluto comprare questo scaffale per coprire una crepa sul muro, e non ha avuto pace finché non l'ha riempito con i libri comprati in edicola. Vedi che belle cose? "Capolavori della letteratura del mondo", "La cucina facile", "Astronomia", "Il medico in casa", "L'avvocato per tutti"...

– Che bei libri. Io ne ho solo tre o quattro in casa mia. E sì che di crepe è piena.

– Sì. La mamma ha gusto! Li ha scelti in base alle copertine e alle dimensioni. Così tutti assieme fanno un bell'effetto, vero?

– E... c'è anche la Bibbia?

– No, quella è in camera mia, fra i libri di scuola. L'abbiamo comprata per l'ora di religione.

– A casa noi abbiamo il Corano.

– Non l'hai portato con te?

– Sì, l'ho in valigia.

– Ma com'è il Corano?

– È il libro sacro dei musulmani, scritto dal profeta Maometto, che lo ricevette sotto la dettatura diretta di Dio. Ne impariamo a memoria i versetti. Ci insegna come comportarci.

– E le sette preghiere al giorno e il viaggio a La Mecca?

– Le preghiere sono cinque, non sette. Sono obbligatorie e vanno recitate all'aurora, a mezzogiorno, durante il pomeriggio, al tramonto e a tarda sera.

– Andate nella moschea per pregare cinque volte al giorno?

– No, no. Si prega dove ci si trova. Basta orientare le proprie preghiere verso La Mecca.

– Ma non ti ho mai visto pregare in classe.

– Non sarebbe stato cortese da parte mia interrompere le lezioni con la preghiera. L'ho fatto appena ho potuto, da solo. Sono nella vostra terra e non posso imporvi i miei usi, anche se mio fratello mi rimprovererebbe per questo.

– Davvero? Per così poco?

– Per noi non è poco. E Karim ci tiene a essere un buon musulmano. Sempre e comunque.

– Parlami della Mecca.

– Ogni musulmano deve andarci almeno una volta nella vita. L'*hajj*, il pellegrinaggio, è rispettato da milioni e milioni di musulmani.

– E tu ci sei stato?

– Sì. Ho accompagnato i miei genitori qualche anno fa. Facemmo la *umra*, un pellegrinaggio minore.

– Immagino che noia!

– No, cosa dici? È un viaggio di purificazione. La stessa terra araba è un santuario, e gli infedeli non dovrebbero mai calcarla. Quando ti avvicini alla Mecca ci sono grandi cartelli che avvertono i non musulmani di tornare indietro. Poi, ai posti di blocco, i soldati impediscono, sempre ai non musulmani, di contaminare i luoghi sacri.

– Avete i posti di blocco anche nella moschea?

– No, nelle moschee non ci sono posti di blocco. Ma c'è bisogno di preservare la purezza dei luoghi sacri. Ci sono dei riti per i quali ha un'importanza particolare la pulizia personale.

– E poi, quando si arriva alla Mecca che si fa?

– Per prima cosa, bisogna fare sette giri rituali attorno alla *Ka'ba*.

– E che cos'è?

– È la pietra nera sfiorata da milioni e milioni di mani. Si trova in un edificio cubico coperto con un velario di seta nera.

– E perché bisogna girarci attorno?

– Perché il profeta Maometto, con i suoi seguaci, fece così e tutti restarono molto impressionati. Poi si devono bere le acque dello *Zamzam*, un pozzo sacro dove Hagar, seconda moglie di Abramo, guidata da Dio, trovò dell'acqua per dissetare il figlio Ismaele, padre degli arabi.

– Ragazzi, la colazione è pronta! – La breve digressione religiosa è interrotta dalla voce della mamma di Pietro. – Forza, che la scuola vi aspetta!

– Eccoci mamma – risponde Pietro. Ma Alì si è fermato a osservare un fucile giocattolo appeso a una parete. Pietro se ne accorge e glielo porge. Istintivamente, Alì fa un passo indietro. – Che c'è, hai paura? Guarda che è un giocattolo. Figurati se abbiamo un fucile vero in casa! Prendi.

A malincuore, Alì prende il fucile e, per far contento l'amico, finge di esaminarlo con interesse. Lo maneggia da vero esperto. Quindi lo rimette al suo posto.

– Quelli veri sono più pesanti – commenta a voce bassa.

Un pomeriggio, dopo la scuola, Alì, Cristina, Miriam, Jonathan, Pietro e Alessandro si ritrovano a fare una passeggiata, da soli, per il centro di Roma.

– Prendiamo la metro – propone Alessandro.

Un breve viaggio in metropolitana, assieme agli amici stranieri, è pur sempre un'esperienza nuova. Così i ragazzi sono allegri e spensierati aspettando il treno.

Alì ride con loro, ma, all'arrivo della metropolitana, si piazza proprio davanti alle porte del treno e rischia quasi di essere travolto dalla gente che esce dal vagone. Ma Cristina gli afferra un braccio e lo trascina di peso dentro. Alì osserva quella moltitudine di gente e pensa alla tragedia che un kamikaze potrebbe provocare.

Finalmente arrivano alla fermata di Piazza di Spagna. Imboccano un lungo tunnel e alla fine sbucano all'aperto. Davanti a loro un fioraio espone piante e fiori coloratissimi. Alì e Cristina si fermano un attimo a guardarli.

– Che belli! – esclama Cristina.

– Hai ragione, credo di non aver mai visto tanti fiori tutti assieme.

– Le caldarroste! – esclamano in coro Alessandro e Pietro.

Un ragazzo dall'aspetto orientale agita la larga padella sulla caldaia. Le caldarroste sono invitanti: dai tagli sulle bucce brune e carbone si vede una polpa gialla dall'aspetto invitante.

– Dài, che ce n'è per tutti – li incoraggia Pietro.

Alì prende in mano una castagna, ma non si aspettava che fosse così calda. La sbuccia rapidamente, facendola passare da una mano all'altra, poi la infila in bocca. Diventa paonazzo: la castagna è ancora bollente.

– Stai attento! – lo rimprovera Cristina.

– Davvero buona – esclama Alì e, una dopo l'altra, mangia tutte le sue castagne. – Allora? Dov'è questa famosa piazza di Spagna? – chiede infine.

– Voltati e guarda! – gli risponde Cristina.

La piazza si apre alle sue spalle. Dietro di lui la Barcaccia con la sua acqua azzurrina contrasta con il rosa pallido della scalinata, che inizia alle sue spalle invitando lo sguardo a salire.

Come se fossero note di una sinfonia, i gradini si inseguono e si abbracciano per poi lasciarsi, rincorrersi e abbracciarsi di nuovo, più in alto, ancora più su, illuminati dal sole del pomeriggio. L'obelisco e la chiesa sono avvolti da una luce calda, che si diffonde verso il cielo terso d'inverno, come a formare un ponte sublime fra la terra e l'infinito.

– È meraviglioso! – esclama Alì. – Io non me n'ero accorto!

– È bellissima – commenta Jonathan.

– Che facciamo? Saliamo? Da lassù si gode un bel panorama – li invoglia Cristina.

– No, dài, magari al ritorno – dice Alessandro, che in realtà non ha nessuna voglia di salire tutti quei gradini.

– Allora? Dove andiamo?

– Andiamo al Colosseo – propone Jonathan. – È mitico. E poi ho visto che ci sono dei figuranti vestiti da soldati romani. Vorrei vederli e farmi delle foto con loro.

– Andiamo alla Bocca della Verità – suggerisce Alessandro.

– Di cosa si tratta? – si incuriosisce Alì.

– È una statua. Una spècie di enorme medaglione. Si mette la mano nella sua bocca e, se sei un bugiardo, te la mangia.

– Andiamo allo zoo di Villa Borghese. È più divertente.

– No, allora andiamo a Castel Sant'Angelo.

Ciascuno propone un itinerario diverso finché Cristina dice:

– Perché non andiamo al Pantheon?

La proposta è accettata all'unisono.

– Poi possiamo andare a Piazza Navona – aggiunge Miriam.

Sciamando per il corso, si ritrovano in Piazza Colonna. Cristina, che sembra conoscere Roma forse meglio di Alessandro e di Pietro, indica ai ragazzi Palazzo Chigi, sede del Presidente del Consiglio dei Ministri, e, più avanti, Palazzo Montecitorio, sede della Camera dei Deputati.

– Sapete perché si chiama Piazza Colonna? – dice Cristina.

– E diccelo, no? – la sprona Pietro.

– La vedete questa colonna qui al centro? È la Colonna Antonina, voluta dall'Imperatore Marco Aurelio per celebrare la vittoria su Germani, Persiani e Armeni.

– Accidenti, quante cose sai!
– Potresti saperle anche tu se leggessi un po' di più, Pietro.
Alì osserva con curiosità le sedi del governo.
– Chissà se un giorno anche noi palestinesi avremo un palazzo così bello per il nostro governo!
– Lo spero – gli risponde Jonathan. – Perché questo vorrebbe dire che finalmente ci sarebbe la pace in Palestina e che i nostri due popoli non sarebbero più nemici.
– Vedete? – interviene Cristina. – Anche qui ci sono i soldati, ma non c'è tensione. Guardate, sono tranquilli: parlano fra loro, danno indicazioni alla gente. Non è come da noi in Israele e in Palestina, dove i soldati sono sempre tesi perché temono attacchi improvvisi. Mi auguro che un giorno questa distensione si possa avvertire anche nella nostra terra. Cioè la mia e la tua, Alì.
– Mio padre fa il poliziotto – riprende Jonathan. – Tutte le volte che esce di casa ho paura che venga coinvolto in un attentato. Ci penso ogni momento. Anche adesso. Specialmente ora, che sono lontano. È un rischio che corriamo tutti in Israele.
– Mio padre, invece, è morto in un attentato – risponde Alì. – E io provo lo stesso timore, di cui tu parli, per mia madre e per i miei fratelli.
– Proviamo la stessa paura. Ecco una prima cosa che ci accomuna. Mi dispiace. Mi dispiace davvero per tuo padre, Alì.
– Spero che non debba accadere anche a te Jonathan. Credimi. È un dolore al quale non ci si abitua. Non c'è giorno in cui non mi capita di pensare a lui. E ogni volta ho voglia di piangere, come il giorno in cui è morto. Io non voglio avere paura per tutta la vita.
– Nemmeno io.
– Ehi, che discorsi tristi! – irrompe Pietro. – Dài, fra un po' saremo a Piazza Navona, vedrete che bello!
– Da che parte era il ghetto ebraico? – chiede Jonathan.
– Verso il Tevere – risponde Miriam. – Perché t'interessa?

– Per curiosità. So che la comunità di Roma è una delle più antiche.

– Ma ora non esistono più i ghetti. Perché parlarne ancora?

Jonathan ci pensa un attimo, poi sorride e risponde: – Hai ragione. Non si può vivere la vita pensando solo al passato. Si rischia di perdere di vista il futuro.

– Ragazzi! – urla quasi Pietro. – Tra una chiacchiera e l'altra, siamo arrivati al Pantheon. Guardate quanto è grande la cupola e quanto è imponente il colonnato.

I ragazzi si fermano qualche secondo ad ammirare l'edificio, poi entrano. La cupola, di una sorprendente bellezza, vista dall'interno comunica una sensazione di possente e calma bellezza. La luce, che scende dal grande oculo posto al centro della cupola stessa, accresce l'impressione di solennità e di serenità.

– Qui c'ero già stato con la maestra, alle elementari. Dài, andiamo a Piazza Navona – ripete Pietro, senza essere ascoltato.

– C'è una leggenda su questa cupola.

– Raccontacela, Cristina – la invoglia Jonathan.

– A me l'ha raccontata nonna Ester. Si dice che per costruire la cupola, gli ingegneri romani dovettero riempire di terra tutto l'interno dell'edificio. Poi, però, per far togliere la terra senza spendere altro denaro pubblico, l'imperatore Adriano ebbe un'idea. Fece spargere la voce che dentro la cupola, sotto quelle tante tonnellate di terra, era stato sepolto un ricchissimo tesoro. Allora la plebe romana, soprattutto quella più povera, si riversò qui e cominciò a scavare, riuscendo a togliere fino all'ultima manciata di terra. Naturalmente non fu trovato nulla, ma il Pantheon apparve in tutto il suo splendore.

– Ma perché questo posto si chiama Pantheon? Che significa? – domanda Alì.

– Pantheon significa "tempio di tutti gli dèi" – spiega Alessandro. – Roma non avversò mai i culti delle popolazioni sottomesse. Tributò onori a tutti, nella speranza di non inimicarsi nessuna divinità. E, per essere sicuri di non aver trascurato nessuno, neppure involontariamente, dedicarono questo tempio a tutti gli dèi.

– Un'idea assurda – commenta Alì. – Perché può esserci un solo vero Dio.

– Per me, invece, è la manifestazione di un grande rispetto verso le convinzioni degli altri – ribatte Cristina.

– Qui dentro siamo tutti a casa, in qualunque Dio crediamo – osserva Miriam.

– Anche qui avete messo delle croci – nota Alì, additando quelle che ornano le tombe dei Grandi Italiani all'interno del Pantheon.

– Ti turba la croce, Alì? – gli chiede Alessandro. – In Italia ci sono state aspre polemiche sulla sua presenza nelle scuole.

– Sì, mi turba. Maometto dice che non bisogna rappresentare Dio in nessun modo.

– Io sono cristiana – riflette Cristina – e per me la croce ha un significato preciso. È il simbolo di un Dio che ha sofferto e che ha sacrificato se stesso per trionfare sulla Morte. E lo ha fatto per noi tutti. Per tutti noi esseri umani, senza distinzione di fede. Non credo che questo possa offendere qualcuno. La croce non viene certo usata ed esposta per offendere. È un simbolo che serve per unire, non per dividere.

I ragazzi escono dal Pantheon. Conoscono una delle gelaterie più famose di Roma: un gelato, in quel momento, può mettere fine all'accalorata, anche se civile, discussione.

Alì si è fatto di nuovo silenzioso. Gli è piaciuta la risposta di Cristina. L'ha sentita molto convincente. Ma anche dura nei suoi confronti. Lui spera di non averla offesa. E proprio il disagio che prova nell'ipotizzare di aver perso la sua amicizia gli fa capire quanto Cristina sia ormai importante per lui.

– Ragazzi, ecco qui Piazza Navona. Finalmente! – esclama Pietro.

I ragazzi irrompono nella piazza piena di gente e di bancarelle, che quasi nascondono la bellezza delle due chiese barocche e della Fontana dei Fiumi. Neppure Cristina ci fa caso, distratta com'è a osservare un mimo, che se ne sta talmente immobile da sembrare una statua. Dei giocolieri improvvisano giochi e trucchi di magia coinvolgendo il pubblico.

Alessandro, Miriam, Cristina, Pietro, Jonathan e Alì si fermano davanti alle bancarelle, dove sono in mostra giocattoli, dolci e ornamenti per il presepe e per l'albero di Natale.

Persino Alì si fa contagiare dalla gioia e dalla confusione, e finisce per apprezzare la bellezza delle statuine del presepe. Vede nella Sacra Famiglia il ritratto della famiglia ideale e, per un attimo, pensa che tutto questo non può essere sgradito al suo dolcissimo Allah.

– Sei di nuovo silenzioso? – gli domanda Cristina.

– Non sono mai stato in un posto così bello. Quanti colori, quante luci!

– Ma non sei triste per questo, vero? – insiste Cristina.

– Da quando sono qui non posso fare a meno di pensare alla povertà in cui vive la mia gente.

– Immagino. Mi dispiace.

– Ma non è tutto. Qui sto imparando tante cose... Da te in particolare.

– Anch'io sto imparando tanto da te.

– Da me? Non mi sembra!

– Sì, invece. Sto imparando la dignità, l'amore per la propria terra e per la propria religione, spinto fino al sacrificio. Questa è una cosa non sentita da tutti, e non credo sia un bene.

– Non lo so. Potrebbe essere. Vedi, bisognerebbe parlarne a lungo, liberamente, come abbiamo fatto in questi giorni.

– Hai ragione. Io l'ho scritto in un mio tema sulla pace: "Bisogna continuare a parlarsi. Senza cedere nulla all'avversario, ma senza dimenticare che lui in fondo è nostro fratello. Continuare a parlare finché la soluzione non ci apparirà da sola e sarà evidente a tutti".

– Sì, sarebbe bello continuare a parlare, Cristina. Tu, io... e anche Jonathan. Ho capito che con lui potrei parlare dei miei dubbi e delle mie paure. Con lui e con te.

– Sì. Sarebbe bello.

I ragazzi continuano a girare allegri per Piazza Navona, comprando gli uni agli altri piccoli doni e rimpinzandosi di dolci.

Mentre passeggiano, Cristina infila un pacchetto nella tasca del giubbotto di Alì.

– Ragazzi, è ora di rientrare – ricorda Miriam.

Prima di riprendere la metropolitana, i ragazzi salgono di corsa la scalinata di Trinità dei Monti. E, da lassù, ammirano estasiati la bellezza di Roma, immersa nella luce dorata del tramonto.

Solo molto più tardi, a casa di Pietro, chiuso in bagno, Alì si decide ad aprire il pacchetto che Cristina gli ha fatto scivolare in tasca.

Il ragazzo non crede ai suoi occhi: è un telefono cellulare! E c'è anche un biglietto. "È per te. E questo è il numero del mio cellulare. Così potremo continuare a parlarci, anche dopo il nostro ritorno. Domani ti insegnerò a scrivere gli SMS".

Scheda di verifica

🕮 IL TESTO

1. *Indica con una crocetta quali delle seguenti affermazioni sono vere* (V) *e quali sono false* (F).

	V	F
– Alì ha avuto una notte molto agitata, ma Pietro non si è accorto di nulla.	❑	❑
– Il feroce Saladino, dopo aver riconquistato Gerusalemme, fece ricostruire le sinagoghe ma lasciò chiuse tutte le chiese cristiane.	❑	❑
– Pietro dice ad Alì che il motivo per cui hanno in casa tante televisioni è perché in famiglia ognuno vuole guardare un programma diverso.	❑	❑
– La mamma di Pietro ha usato scaffali con molti libri per coprire le crepe sulle pareti di casa.	❑	❑
– Il *Corano* è il libro sacro dei musulmani, scritto dal profeta Maometto, che lo ricevette sotto la dettatura di Mosè.	❑	❑
– Alì dice a Pietro che non ha pregato in classe per non interrompere le lezioni.	❑	❑
– Il pellegrinaggio alla Mecca è rispettato da milioni di musulmani ed è aperto anche ai cristiani.	❑	❑
– Alì crede che il fucile che Pietro tiene appeso a una parete di casa non sia un giocattolo.	❑	❑
– Alì mangia in fretta le caldarroste, benché siano bollenti.	❑	❑
– Jonathan vuole farsi fotografare con dei figuranti vestiti da soldati romani.	❑	❑
– Cristina racconta una leggenda riguardante la cupola del Pantheon.	❑	❑
– Alessandro nota che Alì è turbato dal simbolo della croce.	❑	❑
– Cristina lascia scivolare un pacchetto nella tasca di Alì, che lo apre subito e scopre che si tratta di un cellulare.	❑	❑

I PERSONAGGI

2. *Per ciascuno dei personaggi elencati traccia un profilo che possa descrivere la sua personalità.*

Alì ....

....

Cristina ....

....

Jonathan ....

....

Alessandro ....

....

Pietro ....

....

Miriam ....

....

3. *Alì e Cristina hanno un breve diverbio sul simbolo della croce. Riporta nella tabella le motivazioni e le reazioni dei due ragazzi.*

Motivazioni e reazioni di Alì	Motivazioni e reazioni di Cristina
....	....
....	....
....	....
....	....
....	....
....	....
....	....
....	....

I LUOGHI E L'AMBIENTE

4. *I ragazzi della Terza C accompagnano i loro nuovi amici in giro per Roma, mostrando loro i monumenti e le bellezze della loro città. Se tu dovessi ospitare amici di un altro paese, o anche solo di un'altra città, quali monumenti o bellezze del posto in cui vivi gli mostreresti? Descrivili con dovizia di particolari e, se puoi, accenna anche a qualche riferimento storico a essi legati.*

LA PRODUZIONE

- Pietro afferma che la madre, casalinga, è una donna che non lavora. Che cosa pensi in proposito?
- Da quando è in Italia Alì non ha potuto rispettare gli orari di preghiera impostigli dalla sua religione. "*Non sarebbe stato cortese da parte mia... L'ho fatto appena ho potuto... Sono nella vostra terra e non posso imporvi i miei usi...*".
  Ritieni che quella di Alì sia stata una scelta giusta? Che cosa avrebbero potuto fare i loro ospiti per mettere a proprio agio Alì o chiunque altro avesse avuto un credo e un culto religioso diversi dal loro?
- Jonathan chiede in quale luogo si trovava a Roma il ghetto ebraico, ma Miriam osserva che è inutile parlare di qualcosa che non esiste più. Il ragazzo, dopo aver riflettuto, commenta: "*Hai ragione. Non si può vivere la vita pensando solo al passato. Si rischia di perdere di vista il futuro*".
  Sei d'accordo con la riflessione di Jonathan? O pensi che il passato influisca comunque e sempre sul futuro di ogni individuo?
  Motiva la tua risposta.

Capitolo 11

Come gli Orazi e i Curiazi

Il giorno dopo, a scuola, Alì non è ancora riuscito a trovare il momento giusto per parlare con Cristina e poterla ringraziare per il telefonino che la ragazza gli ha regalato. Perfino durante la ricreazione sono sempre attorniati dagli altri ragazzi. Così riescono a scambiarsi solo sguardi d'intesa, mentre gli altri chiacchierano del più e del meno.

– Avete visto l'ultimo video di Robbie Williams?

– Quello con le ragazze pompon che fanno acrobazie incredibili mentre lui canta?

– Sì. Loro sono vestite di nero e lui di bianco.

– Favoloso! E alla fine Robbie si trasforma in diavolo. Mitico! Veramente forte. Non so dove le trovino certe idee.

– Io ho visto il nuovo video di Elisa – dice Cristina.

– Quale?

– "Together". Quello dove lei si muove in una specie di cartone animato, vestita prima da soldato e poi da ragazza normale. La canzone ha un bel testo.

– Ieri sera ho guardato anche io un po' di videomusic – esclama Alì, che vuole cogliere l'occasione per dimostrarsi solidale con Cristina. – Sembra impossibile che esista un programma che trasmette solo musica per noi ragazzi.

– Sì – interviene Pietro – io lo guardo spesso. Però, poi, abbiamo seguito il telegiornale.

– Un'idea di Alì, immagino – si intromette Niccolò.

– No, no. Lui era andato in bagno. Facendo lo zapping ho visto che c'erano le notizie dall'estero.

– Sì, brutte notizie anche ieri dal Medio Oriente – dice serio Jonathan.

– Già, purtroppo – aggiunge Alì. – Scontri a Gaza fra i coloni e i Palestinesi.

– È vicino a casa tua, Alì? – chiede Miriam.

– Tutta la Palestina è casa mia! – esclama con forza Alì; poi guarda Miriam, che ci è rimasta male per quella risposta, e prosegue: – Comunque no, non è vicino a casa mia. Non sono preoccupato per i miei.

Alì ha mentito. In realtà, quando ha visto al telegiornale le immagini delle sassaiole e degli spari tra i Palestinesi e i coloni, ha pensato più volte a Karim: suo fratello prima o poi finirà per cacciarsi in qualche guaio. Poi, però, si è tranquillizzato: per arrivare a Gaza, Karim avrebbe dovuto attraversare ben due volte il confine israeliano, e ciò è sicuramente stato un buon deterrente per lui.

– E tu, Jonathan, sei preoccupato per tuo padre? – riprende Alì, un po' per allontanare l'attenzione da se stesso, un po' perché gli interessa davvero sapere se il padre poliziotto del suo nuovo amico ha corso qualche rischio.

– Tutto bene, per fortuna. Ho telefonato subito ieri sera. Non era nemmeno in servizio.

Per un attimo Alì è sfiorato dalla voglia di confidare a Jonathan la sua preoccupazione per il fratello. Poi ci ripensa.

– Chi sono questi coloni? – chiede Pietro.

– Ebrei – risponde Jonathan. – Persone che, su invito del nostro governo, ma a volte anche di propria iniziativa, hanno costruito le loro case nei territori occupati.

– Hanno costruito veri e propri villaggi – interviene Alì. – E le strade che collegano i loro villaggi al territorio israeliano tagliano le nostre terre. Sono presidiate dai militari israeliani.

Spesso noi non possiamo percorrerle. Così, per andare da un posto all'altro, siamo costretti a giri viziosi per aggirare i loro insediamenti. Nel mio villaggio, c'è gente che, per andare a coltivare la propria terra, è costretta ad attraversare posti di blocco tutti i giorni.

– Il governo ha consentito questi insediamenti per rendere più difficile la restituzione dei territori – aggiunge Cristina. – Mio padre fa il giornalista e ha scritto un libro su quanto accade. Gaza è una città antichissima. Ci abitavano quei Filistei che cita spesso la Bibbia.

– Davvero? – esclama Niccolò. – Caspita, non avevo mai pensato che fossero un popolo pure loro, con città e tutto il resto. Pensavo fossero una specie di setta.

– No, se ricordo bene erano di origine greca e a Gaza avevano un'ottima base commerciale – risponde Cristina. – Tutto, nella Bibbia, ha profonde e reali radici storiche. Oggi, invece, con tutti i rifugiati palestinesi, Gaza è il territorio con maggior densità di popolazione al mondo. Pensate, ora ci sono oltre un milione di persone in una città che prima ne ospitava 50 000!

– E per di più una buona parte del territorio è occupata da insediamenti ebraici – aggiunge Alì.

– Ma perché gli Ebrei sono andati a vivere proprio là? – chiede Pietro.

– Molti, in Israele, ritengono che i territori non potranno mai diventare indipendenti – spiega Jonathan. – Questo perché Dio, secondo la Bibbia, ha riservato agli Ebrei tutta la terra "del latte e del miele", cioè tutta la Palestina.

– Che invece, secondo i nostri Imam, è terra islamica e dunque va conservata e difesa dai Palestinesi – aggiunge Alì.

– Tuttavia la Giudea e la Samaria fanno parte dell'Israele storico – conclude Cristina.

– Che situazione complicata – commenta Niccolò. – Non credevo che ci fossero tutti questi problemi. Ma mi rendo conto che non è così. Più ne parliamo e più scopro che entrambe le parti trovano dei seri motivi per continuare a lottare. Non finirà mai!

– Sì, purtroppo i motivi e i problemi ci sono – osserva Cristina – ma non è giusto tentare di risolverli con la forza e con la guerra.

– Una soluzione ci sarebbe.

Tutti si voltano a guardare Alessandro.

– È un problema che abbiamo avuto anche noi romani, tanto tempo fa – riprende Alessandro. – Mi riferisco agli Orazi e ai Curiazi.

– Ma che c'entrano gli Orazi e i Curiazi? – chiede Pietro.

– Per risolvere i loro problemi, Israeliani e Palestinesi potrebbero fare come hanno fatto loro.

– E cioè? – chiede Cristina.

– È una storia che risale ai tempi dell'antica Roma – racconta Alessandro. – Quando Roma stessa era poco più di un villaggio, entrò in guerra con una città del Lazio, Alba Longa. Nel momento in cui gli eserciti si trovarono uno di fronte all'altro, pronti alla guerra, fu stabilito che tre campioni sfidassero altrettanti campioni dell'altra città. I romani scelsero allora tre fratelli, gli Orazi, mentre gli Albani scelsero altri tre fratelli, i Curiazi. La città i cui campioni avessero perso si sarebbe sottomessa all'altra. Cominciati i combattimenti, pareva che la lotta fosse sfavorevole ai romani...

– Come lo è adesso per noi Palestinesi – commenta Alì.

– Furono infatti uccisi due Orazi, mentre due dei tre Curiazi furono solamente feriti.

– E come finì? – domanda Jonathan.

– L'Orazio superstite ricorse a uno stratagemma: finse di fuggire e venne inseguito. Distaccati subito i due Curiazi feriti, venne raggiunto dal terzo Curiazio, affrontò l'inseguitore e lo uccise. Ripeté poi lo stratagemma con gli altri due Curiazi, uscendone infine vittorioso. Così i romani vinsero e Alba Longa entrò a far parte del loro territorio.

– Anche nella storia di noi Ebrei è capitata una cosa simile – dice Jonathan.

– Non dirmi che pure voi avete avuto i Curiazi e gli Orazi? – esclama Alessandro.

– No – risponde Cristina. – Ma forse ho capito a chi vuole alludere Jonathan. Ti riferisci ai Filistei, vero?

– Già. – E Jonathan comincia a raccontare: – Una volta i Filistei scesero in campo contro Israele.

– Quelli che occupavano Gaza? – domanda Niccolò.

– Proprio loro. Ma i Filistei abitavano anche molte altre città, sulla costa. Gli Ebrei, invece, abitavano l'interno.

– Come noi Palestinesi oggi – precisa Alì.

– I due eserciti si schierarono su due colline separate da una valle. Dalle fila dei Filistei avanzò un campione, chiamato Golia. Era un vero e proprio gigante, con un fisico possente, armato di tutto punto: l'elmo, la corazza, lo scudo e la lancia di bronzo brillavano al sole ogni volta che si muoveva. Golia sfidò il nemico chiedendogli un campione suo pari per combattere; se avesse vinto, gli Ebrei sarebbero diventati servi dei Filistei.

– E che cosa successe? Certamente si saranno fatti avanti in tanti per sfidarlo – domanda Niccolò.

– Non fu così semplice. Golia si presentava ogni giorno, mattina e sera, sfidando il nemico. Ma era troppo grosso, era un vero gigante. Così nessuno si azzardava a farsi avanti. La storia andò avanti per quaranta giorni.

– Mamma mia, sai che noia! – sbuffa il solito Pietro.

– Il re d'Israele arrivò a offrire grandi ricchezze e sua figlia in moglie a chi avesse sconfitto Golia. Alla fine si fece avanti un ragazzino, un pastorello di nome Davide. Il re gli offrì allora la sua corazza e le sue armi, ma esse erano talmente pesanti che il povero pastorello non riusciva nemmeno a camminare. Così

Davide decise di affrontare il gigante con il suo solito abbigliamento da pastore. Vedendo presentarsi un ragazzino disarmato, Golia pregustò una facile vittoria. Davide si avvicinò il più possibile al gigante. Prese dalla sua borsa di pastore una fionda e un sasso. Puntò la fionda verso la fronte di Golia e fece partire il sasso. Colpito, il gigante cadde a terra, tramortito. Così, Davide poté prendergli la spada, ucciderlo e decapitarlo. A quella vista, i Filistei fuggirono e gli Ebrei saccheggiarono il loro accampamento.

– Sensazionale! Due racconti molto simili in due civiltà così diverse – commenta Alessandro.

– Sì, ragazzi. Succede spesso che popoli diversi elaborino racconti simili – la voce è quella della professoressa Morselli, che si è avvicinata ai ragazzi.

– Ma prof, com'è possibile che ci siano storie tanto simili? – chiede Miriam.

– Il motivo è semplice, credo. Anche se molto spesso ce lo dimentichiamo. Gli uomini sono davvero uguali tra loro. È facile che elaborino gli stessi miti e che si tramandino le medesime soluzioni.

– E ciò è una prova, se ce ne fosse bisogno, del fatto che siamo davvero tutti fratelli!

– È vero, Cristina. Hai proprio ragione. Ma adesso tornate in classe, ragazzi.

I ragazzi ritornano in classe, e Jonathan, Cristina e Alì rimangono in piedi vicino alla cattedra.

– Bene, ragazzi. Oggi vorrei che cercassimo di capire che significato ha per noi la pace. I nostri amici sono qui perché si sono distinti scrivendo alcune poesie sull'argomento. Mi piacerebbe, se ne hanno voglia, che ce ne leggessero qualcuna.

Annalisa e Lucia fanno subito a gara per dichiarare il proprio entusiasmo dal primo banco.

– Sì, che bell'idea!

– Leggi la tua Cristina!

La ragazza non si lascia pregare e comincia a declamare:

"*La Pace è...*

La Pace è un giorno di sole in aprile.
È tante cose carine da fare.

È un fiore che si schiude all'alba.
È il respiro di un bimbo che dorme.

La Pace è un panno caldo a dicembre.
È cose buone da cucinare.
È la luce di una candela a Natale.
È il canto di una madre la sera.

La Pace è la sacra famiglia.
È Gesù che accoglie Maddalena.
È l'ultimo respiro sulla croce.
È un abbraccio la mattina di Pasqua".

Gli applausi di tutti echeggiano nell'aula, sormontati da un acuto "Bravissima!" di Alì. Ora tocca a lui:

"*Un uomo si alzi.*

Un uomo si alza e dice altero:
«E sia la guerra!»
Ma la gente sta male.
Sta male chi combatte.
Sta male chi perde.
Sta male chi vince.
Allora, si faccia avanti un uomo
e dica:
«Voglio la pace».
E ne sia fiero".

Scheda di verifica

🕮 IL TESTO

1. *Usando le seguenti terne di parole, forma delle frasi che abbiano attinenza con il capitolo che hai appena letto.*

1. Alì - Cristina - regalo
   Alì non è ancora riuscito a ringraziare Cristina per il telefonino che ha ricevuto in regalo.
2. Pietro - zapping - telegiornale
   ....
   ....
3. Jonathan - telefonata - padre
   ....
   ....
4. Cristina - libro - Gaza
   ....
   ....
5. Alessandro - soluzione - romani
   ....
   ....
6. Ebrei - storia - Filistei
   ....
   ....
7. professoressa - popoli - racconti
   ....
   ....
8. i tre ragazzi - distinti - poesia
   ....
   ....

I PERSONAGGI

2. *Indica con una crocetta l'atteggiamento che Alì assume nelle situazioni che ti elenchiamo.*

– Quando Cristina parla della videomusic e lui interviene, è

❑ *curioso* ❑ *interessato* ❑ *invadente*

– Quando Miriam gli chiede se gli scontri di cui ha parlato il notiziario sono avvenuti nei pressi di casa sua, è

❑ *riconoscente* ❑ *preoccupato* ❑ *scontroso*

– Quando vorrebbe confidare a Jonathan la propria preoccupazione per Karim, è

❑ *dubbioso* ❑ *disperato* ❑ *determinato*

I LUOGHI E L'AMBIENTE

3. *Rileggi la storia degli Orazi e dei Curiazi contro gli Albani e quella degli Ebrei contro i Filistei. Scegli la sequenza di uno dei due racconti che più ti ha colpito e prova a raffigurarla con un disegno.*

LA PRODUZIONE

– Jonathan spiega che, secondo la *Bibbia*, Dio ha riservato agli Ebrei tutta la Palestina. Alì, invece, dice che, secondo i loro Imam, la Palestina è terra islamica e che quindi va conservata e difesa dai Palestinesi.
Pensi che sia giusto "affidare" un conflitto che dura da secoli alle interpretazioni religiose dei due diversi culti?
Motiva la tua risposta.

– Alessandro e Jonathan riportano alcuni esempi su come, nell'antichità, venissero affidate a un combattimento le sorti di una città.
Certo, sarebbe bello se le guerre potessero risolversi in questo modo. Invece...
Parla delle guerre che ancora oggi affliggono il mondo intero. Esprimi le tue emozioni, i tuoi rancori, le tue speranze.

– Prova a scrivere una poesia (anche solo pochi versi) sulla pace nel mondo.

Capitolo 12

Una monetina per ritornare

È il giorno prima della partenza. I ragazzi, insieme con la professoressa Morselli, sono usciti per un'ultima passeggiata per le vie di Roma.

Il Natale è ormai vicino, ma il dolce clima della capitale permette di passeggiare con grande piacere per via dei Fori Imperiali, quasi come fosse primavera. Al Colosseo, dove li fa scendere il pullman, Jonathan può finalmente farsi fotografare con i figuranti che, in costume da soldati romani, passeggiano davanti al monumento per la gioia dei turisti.

Cristina, invece, è impegnata in una conversazione sulla storia di Roma con la Morselli. Alì vorrebbe tanto parlare con lei, ma non riesce neppure a inserirsi nella conversazione perché teme di essere invadente. Finalmente, quando superano il Vittoriale e imboccano via del Corso, l'insegnante si allontana e Alì ne approfitta subito per avvicinare la ragazza. Ma si blocca quando vede Cristina estrarre dallo zaino un walkman. La ragazza infila le cuffie e, al suono di chissà quale musica, si estranea.

Un po' deluso, Alì continua a camminare a poca distanza da lei e finge di non sentire Pietro che lo sta chiamando a gran voce per dirgli che un ambulante di colore sta vendendo le magliette di Totti con tanto di autografo ricamato. Alì non intende essere scortese con il suo amico, ma fermarsi a guardare la maglietta di Totti significherebbe rimanere irrimediabilmente indietro, mentre Cristina sta camminando spedita nella fiumana di ragazzini che si dirigono verso il centro. Per fortuna è Jonathan a raggiungere Pietro e a intavolare una trattativa con l'ambulante sul prezzo delle magliette.

A un tratto Cristina si ferma a guardare una vetrina.

Alì, in un momento, le è vicino, ma non sa come rompere il ghiaccio. Lei lo vede riflesso nella vetrina e si volta. In quel momento, il ragazzo ricorda che, qualche giorno prima, Cristina gli aveva parlato di una canzone.

– Come s'intitola la canzone di quella cantante di cui parlavi con tanto entusiasmo? – le chiede.

Cristina, con un sorriso, si sfila le cuffie e le mette attorno al collo. – "Together", di Elisa. La conosci?

– Ah, sì, certo – mente Alì. – L'ho ascoltata spesso. Cioè, l'ho sentita in aeroporto, credo.

– Ma guarda. Non mi sembra di averla sentita. Eppure eravamo assieme. Elisa è la mia cantante preferita. Me ne ricorderei. Sei sicuro di conoscerla?

Ad Alì non rimane che sorridere in maniera disarmante e ammettere: – No, in realtà non credo proprio di averla mai ascoltata. Ma mi piacerebbe sapere di che cosa parla.

– Aspetta – Cristina fruga nello zaino ed estrae un secondo paio di cuffie, che porge ad Alì.

– Dài, mettile.

Alì, un po' imbarazzato, attento a non farsi sfiorare dalle dita dell'amica, indossa le cuffie, mentre Cristina le collega al suo walkman. Subito Alì sente una musica ritmata e la voce di una ragazza che canta: *Together, here we are, boy and girl walk alone...*

– Ti piace? – domanda impaziente Cristina, ma Alì la guarda con aria interrogativa. La musica a tutto volume gli impedisce di capire cosa gli stia dicendo l'amica.

– Ti piace? – ripete Cristina, dopo aver allontanato dall'orecchio di Alì uno degli auricolari.

– Sì, certo. Fa venire voglia di ballare. Fammi ascoltare il testo. Mi sembra bello.

– Hai sentito il primo verso? "Insieme, eccoci qui, ragazzo e ragazza camminano soli."

– Sì.

– Potremo essere noi.

Alì e Cristina si guardano negli occhi e sorridono.

– Veramente, proprio soli non siamo – commenta Alì. – C'è tutta la classe dei nostri amici, ci sono tuo cugino, i professori e un sacco di altra gente.

– A volte ci si può sentire soli anche in mezzo agli altri. A te non capita mai?

Capita anche ad Alì. Gli è sempre capitato, fin da piccolo. Perfino in famiglia, ancor prima che la guerra intervenisse a sconvolgere la sua vita, a portargli via il padre, Alì si era sempre sentito a disagio, un ribelle. All'epoca, sua madre sosteneva che il modo di comportarsi di Alì era dovuto solo alla sua giovane età, e che, col tempo, anche lui sarebbe diventato un buon Palestinese, come Karim. Che anche lui avrebbe imparato il rispetto.

Da loro "rispetto" significa che un figlio non deve mai contraddire un padre. Ma, per quanto amasse tantissimo il genitore, Alì mal si adattava al suo comportamento severo. A lui sarebbe piaciuto conversare con il padre e, quelle rare volte in cui accadeva, provava un profondo disagio. Alì è convinto che quanto più si ama tanto più si dovrebbe parlare in modo aperto anche di cose sgradevoli: le formalità vanno bene con gli estranei. Invece, ancora oggi, i bambini, fin da piccoli, vengono abituati a rispettare un codice sociale piuttosto rigido. La donna, per esempio, vive in una specie di stato di inferiorità che le viene inculcato precocemente. A dieci anni un ragazzino può imporre alla madre di coprirsi con il velo islamico, se si avvicina un uomo.

Tutto questo Alì vorrebbe raccontarlo a Cristina, ma non lì fra la gente, nella confusione. Però, ora sa che potrà farlo tutte le volte che vorrà, grazie al cellulare che Cristina gli ha regalato.

– Sai, volevo ringraziarti ancora per il cellulare che mi hai regalato. Vorrei tanto poterlo ricambiare con un dono altrettanto prezioso, ma non ho soldi.

– Ma io non te l'ho dato per avere un regalo in cambio. Te l'ho dato per avere la possibilità di sentirci, anche quando saremo tornati in patria. Te l'ho dato perché non voglio perderti... Te l'ho dato per sentirti sempre vicino a me. E comunque, non l'ho pagato molto, perché era in offerta con 500 messaggi gratuiti. Ti ho anche insegnato a scrivere gli SMS, ricordi? E quando la scheda sarà esaurita te ne farò spedire un'altra dall'Italia. Così i tuoi fratelli non sospetteranno nulla della nostra amicizia.

– Lo conserverò come il più prezioso dei tesori. Nessuno mai saprà della sua esistenza. Grazie. Un giorno, appena potrò, contraccambierò. Per ora accetta questo: è il mio rosario musulmano, composto da tre serie di trentatre grani ciascuna.

– Cioè, novantanove grani?

– Sì, novantanove. Quanti sono i nomi per invocare Allah.

Cristina lo ringrazia dandogli un bacio sulla guancia. Alì arrossisce.

Intanto la canzone di Elisa è finita. Ma lei riavvolge il nastro per riascoltarla.

– Sst! Ascolta bene il testo.

"*Together... Boy and girl walk alone, together moving like clouds, together billions the soldiers of love in the dark, together until one will see the light.*"

– Aspetta – dice Alì – voglio provare a tradurlo: "Insieme, ragazzo e ragazza, camminano soli, insieme si muovono come nuvole, insieme, sono miliardi i soldati dell'amore nel buio, insieme fino a quando uno vedrà la luce".

– Alì dove hai imparato l'italiano?

– A Betlemme, dai frati italiani. Hanno aperto una scuola che io ho frequentato regolarmente finché mio padre era in vita.

Proprio in quel momento sono arrivati in piazza di Trevi, e la famosa fontana appare davanti a loro in tutto il suo splendore.

– Che meraviglia tutta quest'acqua! – esclama Alì.

– Che belle cose che ci sono al mondo – gli fa eco Cristina.

La grande fontana di pietra candida, luminosa nella luce del pomeriggio avanzato di una tersa giornata di dicembre, copre tutto il lato di un palazzo e domina la piazza, resa ancora più piccola dalla folla che si accalca attorno al monumento. La statua imponente di Oceano domina la fontana da un carro a conchiglia, trainato da cavalli marini guidati da tritoni. Due statue ai lati raffigurano l'Abbondanza e la Salubrità. L'acqua zampilla con forza e allegria da mille punti e si raccoglie in una grande vasca di marmo.

– È bellissima! – commenta Alì.

– È una fontana costruita a metà del 1700 – gli spiega Cristina. – La vasca simboleggia il mare. Quel grosso vaso di marmo, invece – Cristina indica una scultura alla loro destra, sul lato della vasca – pare sia stato messo lì dallo stesso scultore, perché un barbiere, che aveva negozio là dietro e lo disturbava con le sue continue critiche, non potesse più vedere il lavoro.

I due ragazzi si fermano ad ammirare la fontana cercando di memorizzarne ogni particolare. Intanto Elisa continua a cantare nelle loro cuffie:

"*All the way alone, alone, alone, alone. But together we'll always want to be...*"

– Li senti i versi della canzone? – domanda Alì a Cristina.

– Sì, lo so. È una canzone contro la guerra.

– Già, ma dicevo di questi versi in particolare: "Per tutto il viaggio da solo, da solo, da solo, da solo. Ma vorremmo essere sempre insieme". Anch'io sono solo, anch'io vorrei essere sempre assieme a te e vorrei che questa vacanza non finisse mai.

– Forse un modo c'è – dice Cristina. Quindi prende per mano Alì e, di corsa, scendono i gradini che li separano dalla vasca.

– Cosa vuoi fare? – le chiede Alì.

– Fai come faccio io – dice Cristina, mettendosi di spalle davanti alla fontana e prendendo in mano una monetina. – Prendi una moneta anche tu e lanciala dietro le spalle, in modo che cada dentro la fontana.

– E perché?

– Perché si racconta che, lanciando una monetina nella fontana, prima o poi si fa ritorno a Roma.

Ben presto le monete dei due ragazzi disegnano un arco d'argento dietro le loro spalle e affondano con una scia di bollicine nell'acqua della fontana. Sul fondo, tante altre monete disegnano costellazioni sconosciute.

– Guarda, gli altri se ne stanno andando! Il pullman ci aspetta.

– Ma dobbiamo riprenderci le monetine – dice Alì.

– No, no, scherzi? Bisogna lasciarle nella fontana. Solo così saremo sicuri di poter tornare a Roma.

Mentre seguono gli altri verso il pullman, Alì pensa alle parole di Cristina e si augura che la tradizione si dimostri ancora una volta esatta. Di tanto in tanto guarda la sua Cristina, mentre la musica di Elisa li accompagna nella loro ultima passeggiata romana.

Per una volta Alì si sente bene e non vorrebbe essere in nessun altro posto. Non si inquieta nemmeno quando nota che Cristina, pensando di non essere vista da nessuno, si rivolge all'immagine della Madonna che domina la piazza all'angolo fra due strade e si fa il segno della croce. L'indomani, con il rombo dei motori di un aereo, inizierà il loro viaggio di ritorno verso casa.

Scheda di verifica

IL TESTO

1. *Ricostruisci la trama del capitolo, inserendo il connettivo che ritieni più opportuno fra quelli elencati qui di seguito e completando le frasi.*

allora, affinché, benché, che, dove, perché, poiché, purché, quando, sebbene, siccome, tuttavia

1. Pur di stare accanto a Cristina, Alì vorrebbe intervenire nella conversazione che la ragazza sta avendo con la professoressa Morselli, ... non lo fa, ... teme di essere invadente. Poi, finalmente ....
....

2. Alì finge di non sentire il richiamo di Pietro .... il compagno lo stia chiamando a gran voce per mostrargli ....
....

3. .... vuole rompere il ghiaccio con Cristina, Alì le chiede il titolo della canzone di Elisa, ... non l'abbia mai ascoltata. La ragazza, sorpresa per l'interessamento, ...
....

4. I due ragazzi ascoltano i versi della canzone, ma .... Cristina parla della solitudine, Alì pensa a suo padre e ....
....

5. Ancora una volta Alì ringrazia Cristina per il cellulare. Le dice che vorrebbe ricambiare e .... non ha soldi, le fa dono ....
....

6. Alì dice di aver imparato l'italiano a Betlemme, ... alcuni frati italiani ....

7. Mentre sono davanti alla fontana di Trevi, Cristina racconta ad Alì che lo scultore vi pose un grosso vaso, ... un barbiere, ... lo disturbava .... non potesse più vedere il suo lavoro.

8. Rifacendosi ai versi della canzone di Elisa, Alì confessa che vorrebbe stare sempre con Cristina. .... la ragazza lo prende per mano e lo invita a ....
Così facendo, secondo una leggenda, ...
...., ... le monetine restino sempre nella fontana.

I PERSONAGGI

2. *Rileggendo il capitolo, elenca le situazioni in cui Cristina appare come una ragazza sensibile, altruista e ottimista.*

– È sensibile quando ....
....

– È altruista quando ....
....

– È ottimista quando ....
....

LA PRODUZIONE

– Fra Cristina e Alì è sbocciato un sentimento che va oltre l'amicizia. Purtroppo la loro non è una situazione semplice. Entrambi sanno che non avranno facilmente occasione di incontrarsi e di poter vivere il loro sentimento con la massima serenità. Tuttavia l'ottimismo di Cristina lascia immaginare che i due potranno ancora avere una storia...
Cosa credi che succederà, una volta rimpatriati entrambi?

Capitolo 13

In famiglia

La settimana a Roma è trascorsa troppo in fretta. Il sogno di Alì si è avverato, ma è durato il tempo del battito d'ali di una farfalla.

La macchina blu dell'ambasciata lo riporta a casa.

Nuvola, impazzita di gioia, appena scende dall'auto gli salta in grembo abbaiando. Sentendo quella confusione la sua famiglia e i vicini sciamano in strada per salutarlo. Lui ha appena il tempo per salutare il funzionario dell'ambasciata e l'autista con uno speranzoso:

– Arrivederci a presto. Grazie.

– Sì, arrivederci a presto dove dico io – borbotta Karim.

I figli dei vicini e Abuh notano lo zaino nuovo regalato dalla scuola italiana a tutti i ragazzi partecipanti al programma di scambi culturali, e appena Alì accenna al suo contenuto, pieno di dolci e di regalini dei nuovi amici italiani, i ragazzi lo rovesciano sul tappeto e cominciano a frugare. Alì li guarda divertito, godendosi il suo momento di celebrità e tenendosi stretto fra le braccia Nuvola, che si agita e si sporge per leccargli il viso.

– Questo cos'è? – chiede Abuh estraendo un ennesimo pacchetto dallo zaino di Alì, preso d'assalto anche dai figli dei vicini.

– È un dolce bolognese. La mamma di Alessandro, uno dei ragazzi che ho conosciuto in Italia, è di Bologna, e ne ha fatto un po' per tutti noi. È un dolce tipico di questo periodo e si conserva a lungo.

– E di cosa è fatto? – domanda Abuh, iniziando a scartare il pacchetto mentre un odore appetitoso si sparge tutto attorno.

– Cioccolato, noci, mandorle e canditi. La mamma di Alessandro ha detto che la ricetta originale prevede anche l'uva passa, ma lei non l'ha messa perché non era sicura che noi potessimo mangiarla.

– Buono! – commenta Abuh a bocca piena, dopo averne assaggiato un generoso pezzo.

– Sai, Alì, ti ha fatto bene questo soggiorno in Italia – lo ammira la madre con gli occhi lucidi. – Sei diventato più bello.

– E com'è l'Italia? – chiede Abuh, parlando ancora una volta a bocca piena.

– Bellissima – risponde il fratello con entusiasmo. Poi nota che Karim si tiene in disparte e che osserva la festa in famiglia con un atteggiamento di sufficienza. Perciò aggiunge: – Ma non tanto quanto la Palestina.

– E le scuole? Le scuole come sono? – s'informano gli altri ragazzi presenti.

– Quella dove sono stato io è grande e bella. C'è una palestra nuova, e lì, appena arrivato, ci hanno fatto una grande festa.

– E gli insegnanti?

– Quasi tutte donne. Hanno fatto il possibile per metterci a nostro agio. Ma in tutte le classi c'era il crocifisso.

– Sì, sì... Ma il mangiare com'è? Cosa si mangia là, a parte questi buonissimi dolci? – chiede Abuh, interessato più ai richiami del suo stomaco che agli scambi culturali.

Alì risponde volentieri alle domande, ma non vede l'ora di restare solo per poter mandare un SMS a Cristina. Meno male che ha nascosto in tasca il cellulare, perché i fratelli, frugando nello zaino, l'avrebbero trovato subito.

Quando finalmente riesce a sgattaiolare fuori di casa, ha voglia solo di ritornare con il pensiero ai giorni trascorsi in Italia e a Cristina. Nuvola lo accompagna e, di tanto in tanto, corre davanti a lui, nella speranza che il suo padroncino inventi qualche gioco da fare con lei. Ma Alì non pensa a giocare, si sta chiedendo quanto quel viaggio l'abbia cambiato.

Ora le case e le strade del suo paese gli appaiono ancora più misere e squallide. Ma l'affetto dei vicini e quello dei suoi fratelli gli sembra più che mai caldo e familiare, dopo essere stato alcuni giorni assieme a degli sconosciuti. Che ora non sono più tali, però. Perché Pietro, Alessandro, Niccolò, Miriam, persino Jonathan... e Cristina ovviamente, si sono dimostrati dei cari amici, e sono stati tutti molto gentili con lui.

Alì avrebbe ben poco da offrire loro, se venissero a trovarlo a casa sua, in Terra Santa... Anche quel nome, Terra Santa, è nuovo per lui. L'ha sentito da Cristina, e da quel momento lo usa sempre più spesso. Terra Santa. Non Israele, né Palestina. Terra Santa, che vuol dire terra di pace e santità per tutti.

Nuvola abbaia, chissà cosa ha trovato. Ma Alì non se ne preoccupa. Sta pensando all'SMS che gli ha già inviato Cristina: "Ritornare a casa è bellissimo... Ma sarebbe tutto più bello se fossimo insieme".

Lui le ha risposto subito: "Il cielo ci unisce: lo guardo e mi sembra di vederti riflessa sopra di me". E adesso pensa: "Chissà? Sarà piaciuto a Cristina? Si sarà emozionata nel leggerlo, così come mi sono emozionato io scrivendolo?"

È così assorto nei suoi pensieri, che solo all'ultimo momento si accorge che Karim e Hussan l'hanno raggiunto. Nuvola non ha simpatia per Hussan, e ringhia quando lo vede. Hussan le fa un gesto minaccioso e Nuvola corre a rifugiarsi fra le gambe di Alì.

– Hussan! Smettila di spaventarla!

– Lo sai, no, che i cani non sono ben visti dalla nostra religione? – gli risponde Hussan.

– Ma sono anche loro creature di Allah – replica Alì. – E Nuvola è piccola, ma, col suo abbaiare, è un ottimo cane da guardia.

– Non siamo qui per parlare di Nuvola – taglia corto Karim.

– Infatti. Tu avevi una missione – incalza Hussan. – L'hai compiuta?

Ecco, è giunto il momento che Alì tanto temeva. Si era immaginato mille risposte diverse, aveva pensato di poter trarre facilmente in inganno il fratello e i suoi amici... Ma ora tutte le risposte che si era preparato gli sembrano sciocche, e la lingua gli si è seccata per la paura.

– Allora? Non vorrai farci credere che te ne sei dimenticato!

– No, certo.

– Avanti, parla!

– Non è facile organizzare un attentato. La polizia è molto attenta. Specie in aeroporto – spiega Alì.

In effetti, in aeroporto, Alì ha visto molte guardie della sicurezza. Persino lui e Cristina hanno rischiato di essere scambiati per pericolosi terroristi. Era successo prima a Cristina. Il ricordo gli procura ancora qualche brivido, anche se, alla fine, il tutto si è concluso con una risata.

– Spiegati meglio – lo sollecita Hussan.

– Quando siamo andati all'aeroporto per la partenza, una ragazza del gruppo, Cristina, che era davanti a me, si è messa in fila per oltrepassare la soglia del metal detector...

Mentre racconta, Alì rivive la stessa scena.

Cristina si era tolta dalle tasche cellulare e monetine, quindi era passata sotto il metal detector. Ma il dispositivo aveva emesso un irritante "biiip". Allora la ragazza era tornata indietro con un sorrisetto imbarazzato. Gli addetti alla sicurezza si erano fatti subito attenti. Un'agente di guardia, una giovane donna in divisa dall'aria efficiente, le aveva chiesto:

– Signorina, ha qualche altro oggetto metallico addosso? Un orologio, una fibbia...

Cristina si era tolta l'orologio e aveva frugato nervosamente nei jeans, alla ricerca di qualche moneta in fondo alle tasche.

Poi, sicura del fatto suo, era passata di nuovo sotto il metal detector, che per la seconda volta si era messo a suonare. A quel punto Cristina si era tolta la cintura. Ma la guardia le aveva chiesto di togliersi anche le scarpe.

– Sa, signorina – aveva commentato la guardia – questi apparecchi sono molto sensibili, e a volte basta un pezzo di metallo veramente piccolo per farli suonare.

Intanto, dietro di loro, alcuni ragazzi avevano cominciato a ridacchiare. Pietro, che, come tutti gli altri, li aveva seguiti fin lì, camminando ai lati della fila per poter stare con i ragazzi fino all'ultimo momento, aveva esclamato:

– *'A Cristì! Se vede che nun te vonno fa partì. Stattene qua ch'è mejo!*

Intanto, alcuni uomini d'affari che erano in fila e che aspettavano il loro turno, avevano cominciato a spazientirsi. Così, dopo il terzo tentativo di Cristina e dopo il terzo "biiip", la guardia le aveva chiesto di avvicinarsi per perquisirla.

La povera Cristina si era vista passare uno strumento metallico su tutta la sua persona mentre, ancora una volta, l'aggeggio aveva ricominciato a suonare.

A quel punto era intervenuto un nuovo agente che, dopo essersi fatto consegnare la giacca, aveva preso a perquisirla. Si era scoperto così che, all'interno della fodera della giacca, attraverso un piccolo foro c'era un oggettino di metallo.

– E che cos'era? – domanda Karim, riportando Alì al presente. – Un piccolo coltello?

– Macché. Un minuscolo crocifisso che, tra l'altro, Cristina aveva cercato disperatamente, temendo di averlo perduto. Vi assicuro che si trattava di un oggetto veramente piccolissimo! – commenta Alì, che aggiunge: – La sensibilità di quegli strumenti è davvero incredibile!

– E poi? Siete riusciti a partire senza altri intoppi? – domanda sarcastico Hussan.

– Macché. Io ero dietro a Cristina e mi ero appena sfilato lo zaino per appoggiarlo sotto il metal detector, quando quello ha ricominciato a suonare, facendo continuare lo stato d'allarme.

– E che cos'era stavolta? – chiede Karim.

– Dal mio zaino fuoriusciva un ticchettio sospetto. A quel punto le guardie hanno estratto le armi e, avvicinandomi molto lentamente, mi hanno detto di consegnare loro lo zaino.

– E tu?

– Naturalmente ho obbedito.

– E com'è finita?

Ancora una volta, Alì rivive la scena.

Nella tasca esterna dello zaino avevano trovato un pacchetto: era da lì che usciva il suono.

– *Ahó*. Giù le mani dal mio regalo per Alì – aveva gridato Pietro mentre, con molta cautela e aiutati da un artificiere, gli uomini della sicurezza si accingevano ad aprire il pacchetto.

– Regalo?

– Sì. È una sveglietta da viaggio. Gliel'ho regalata per ricordargli che a Roma lascia tanti amici che prima o poi dovrà rivedere!

Nel raccontare a Karim e a Hussan l'episodio della sveglietta, Alì cerca di renderlo più inquietante di quanto lo sia stato in realtà.

Karim e Hussan lo ascoltano attenti e, a mano a mano Alì si fa più intraprendente e continua a parlare del suo viaggio in Italia, cercando di fornire il minor numero di particolari che possano ricondurli all'effettivo svolgimento dei controlli di sicurezza in aeroporto e a Roma. Per contro, sottolinea l'efficienza della polizia.

– Caspita. Non credevo che i controlli fossero così attenti – commenta Hussan.

– Già. Non sarà facile mettere a segno un attacco.

– Un attacco dove, a Roma? – domanda Alì.

– Sì, davanti a San Pietro.

– Sei pazzo, Karim? È impossibile!

– Non dentro, fuori – precisa Karim, un po' risentito per la reazione decisa del fratello.

– Già. È di domenica, se non sbaglio, che la gente si raduna per vedere il Papa – precisa Hussan.

– È pur sempre un luogo sacro – interviene ancora una volta Alì.

– Per loro, non per noi! – ribatte Hussan.

– E... Hai fatto amicizia, Alì? – chiede Karim per stemperare la tensione.

– Sì.

– Bravo. Hai conosciuto qualcuno cui appoggiarci per fare un'azione?

– No.

– Come "no"? Non è possibile! Ti abbiamo lasciato andare in Italia per un solo motivo: compiere questa missione. Se non l'hai fatto... – gli ringhia addosso Hussan.

– Poco fa, a casa, ripetevi sempre che siete diventati tutti amici – incalza Karim.

– Sì, ma nessuno ci aiuterebbe a organizzare un attentato.

– Non fare lo sciocco. Mica glielo devi dire cosa abbiamo in mente.

– E allora come faccio?

– Non fare lo stupido, Alì. Devi semplicemente usarli per ottenere informazioni. Sapere cosa fa la polizia, dove sono i controlli, i posti di blocco...

– Karim – lo interrompe Alì – in Italia non è come da noi. Non ci sono posti di blocco. E dubito che dei ragazzi siano in grado di fornire informazioni utili.

– Beh, comunque la loro amicizia ci torna utile – interviene Hussan. – Coltivala. Può essere un valido pretesto per tornare a Roma o a Gerusalemme. E colpire.

– E quando accadrà, io ti accompagnerò. E saremo martiri insieme! – esclama entusiasta Karim.

Un aereo solca il cielo, lasciandosi dietro una lunga scia bianca.

– Un aereo israeliano!

– E di chi sennò?

– Chi staranno cercando?

– Prima o poi tutto questo finirà.

– Sì, Hussan. In un modo o nell'altro.

– No, solo in un modo: con la nostra vittoria.

– *Allah akbar!*

– Stai attento Alì. Ricordati che ti tengo d'occhio – dice Hussan. – Coltiva la tua amicizia con quei ragazzi. E cerca di procurarti qualche informazione utile.

La scia bianca lasciata dall'aereo è ancora ben visibile. Sembra un lungo lenzuolo che sventola dal cielo, come un'invocazione di pace.

Scheda di verifica

🕮 IL TESTO

1. *Accanto a ogni frase del 1° gruppo scrivi il numero della frase del 2° gruppo, che completa correttamente il periodo.*

1° GRUPPO

a. Appena Alì scende dall'auto dell'ambasciata che lo ha riportato a casa ☐

b. Quando Alì accenna al contenuto dello zaino ☐

c. Abuh e i figli dei vicini assalgono Alì con mille domande ☐

d. Rivedendo il suo paese, dopo essere stato in una città bella come Roma, ☐

e. Alì è talmente assorto nei suoi pensieri, che ☐

f. Hussan e Karim chiedono ad Alì notizie riguardanti la missione che gli hanno affidato ☐

g. Karim ipotizza un possibile attentato a piazza San Pietro ☐

h. Hussan dice ad Alì di usare l'amicizia con i ragazzi italiani ☐

2° GRUPPO

1. non si accorge della presenza di Karim e Hussan.
2. così Alì racconta l'episodio dell'aeroporto.
3. per ottenere informazioni utili ai loro piani.
4. Nuvola gli salta in grembo abbaiando.
5. i figli dei vicini e Abuh lo rovesciano sul tappeto e cominciano a frugare.
6. ma Alì reagisce con decisione.
7. ma Alì non vede l'ora di restare solo per poter mandare un SMS a Cristina.
8. le case e le strade gli appaiono ancora più misere e squallide.

I PERSONAGGI

2. *Attribuisci un aggettivo a Karim e ad Hussan, scegliendo per ciascuno di loro due situazioni del capitolo che ti hanno particolarmente colpito.*

KARIM

– È .... quando ....

....

– È .... quando ....

....

HUSSAN

– È .... quando ....

....

– È .... quando ....

....

LA PRODUZIONE

– Alì racconta che in Italia i controlli sono molto rigorosi e che all'aeroporto lui e Cristina hanno perfino rischiato di essere scambiati per terroristi.
Ritieni che i controlli nel nostro Paese siano effettivamente così meticolosi? Quanto credi che abbia inciso il tragico attentato dell'11 settembre sui controlli aeroportuali?

– Hussan e Karim ordinano ad Alì di coltivare l'amicizia con "gli infedeli" per ottenere informazioni utili ai loro piani. Il tono intimidatorio di Hussan, in particolare, appare minaccioso al punto di non lasciare ad Alì molte vie d'uscita. Ma Alì, che è sempre stato contrario alla violenza, ora ha anche imparato ad apprezzare il valore dell'amicizia.
Quali credi che potranno essere gli sviluppi della sua amicizia con Cristina e con Jonathan?

Capitolo 14

Il segreto di Alì

La voce del *muezzin*, che invita alla preghiera del mattino, sveglia Alì che, dopo essersi stiracchiato, distende il suo piccolo tappeto e, rivolto verso La Mecca, si inginocchia. Dopo essersi prostrato, il ragazzo inizia a recitare i versetti del Corano, affidando ad Allah il suo rischioso progetto: raggiungere i suoi nuovi amici israeliani.

Alì esce di casa con quell'idea fissa in testa. Non vorrebbe far correre alcun pericolo a Nuvola portandola con sé, ma la cagnetta, intuendo le intenzioni del suo padroncino, comincia ad abbaiare.

– Sst! Zitta Nuvola. Vuoi svegliare tutti? Cuccia. Giù, da brava, Nuvola.

Le fa una carezzina sulla testa, mentre si infila pantaloni e maglietta. Nuvola smette di abbaiare, ma comincia a guaire.

– Va bene. Ho capito. Mi accompagni e poi torni a casa. Così nessuno si insospettisce. Via, andiamo.

Nuvola non se lo lascia dire due volte e, correndo come una lepre, avanti e indietro, precede il suo padroncino. Strada facendo, ormai lontano dal villaggio, Alì riceve il primo messaggio della giornata. È di Cristina.

"Ti voglio dire che sei troppo speciale per me".

Ogni volta che sullo schermo del telefonino si materializzano le parole di Cristina, per Alì è un'emozione fortissima. Così, durante il giorno, e qualche volta anche di notte, ripete fra sé e sé gli SMS dell'amica per inventare risposte che, in poche frasi, le facciano capire i sentimenti che nutre per lei.

In genere si scrivono due volte al giorno. La mattina, prima di andare a scuola, si mandano un messaggio breve, affettuoso, di buon giorno. A volte basta anche solo un *emoticon*[1] a scaldare il cuore e a rendere più luminosa la giornata. La sera, invece, si scrivono qualche notizia in più su come hanno trascorso la giornata.

Per poterle scrivere Alì improvvisa passeggiate con Nuvola, lontano da casa. Ed è proprio durante una di queste passeggiate che gli è balenata l'idea di realizzare il suo spericolato progetto: rivedere assolutamente i suoi amici.

Ha ringraziato Allah migliaia di volte per il telefonino, questo dono inaspettato che gli permette di mantenere i contatti con Cristina e con Jonathan. Ma gli SMS ora non gli bastano più. Così, in uno slancio di entusiasmo, risponde al primo messaggio di Cristina: "Presto ti vengo a dare il buongiorno".

Intanto Nuvola, ansimando, con la lingua di fuori, corre avanti e indietro per accertarsi che Alì la stia seguendo. Ma il ragazzo non la degna di uno sguardo, preso com'è dall'imminente realizzazione del suo progetto: rivedere Cristina. Che cosa le dirà? Le parole gli affollano la mente, il cuore gli batte forte.

– Nuvola, ma sei impazzita? Stai giù. Zitta! Non voglio che qualcuno ci veda. Siamo troppo vicini al confine.

Ma il tono perentorio di Alì non intimorisce Nuvola, che si accuccia ai suoi piedi e, con lo sguardo illanguidito dalla dolcezza, pare volergli dire che senza di lei sarà difficile ritrovare la strada. Ed è proprio così.

Pochi giorni prima Nuvola ha scoperto un passaggio. Alì l'ha vista annaspare, annusare e abbaiare. Tanto che, in un primo mo-

---

1. *emoticon*: combinazione di caratteri (parentesi, due punti, punto e virgola ecc.), che ricorda vagamente i tratti di un volto umano; utilizzata per esprimere particolari stati d'animo nei messaggi di posta elettronica.

mento, ha creduto che fosse un nascondiglio nemico e se l'è data a gambe levate, ammettendo la sua mancanza di coraggio.

Da quel giorno, guidato da Nuvola, che ogni volta abbaia e annaspa annusando il terreno, Alì non perde mai di vista il luogo che la sua cagnetta punta, facendo scodinzolare quel moncone di coda, a testimonianza della sua felicità. Tuttavia, addentrarsi da solo in un passaggio sconosciuto potrebbe riservare amare sorprese. Così, come già è accaduto nei giorni precedenti, Alì ci ripensa. Potrebbe esserci un'altra soluzione per raggiungere i suoi amici. Per esempio, potrebbe unirsi a qualche gruppo di palestinesi cristiani che, in occasione delle festività pasquali, entrano in Gerusalemme. In quei giorni i controlli, forse, saranno meno severi.

E Alì fantastica, immagina di essere già al posto di controllo, insieme a tanti sconosciuti che ingannano l'attesa pregando insieme. Immagina la paura che proverà nel momento in cui lo sguardo dei soldati israeliani si poserà su di lui, e di come pronuncerà con voce ferma il saluto crstiano: "il Signore sia con te". Indugia a lungo, pregustando la gioia che proverà nel trovarsi libero a passeggiare per la Città Santa, con i suoi amici.

Nuvola lo sollecita con il musetto ad alzarsi e a riprendere il cammino

– E va bene, Nuvola. Andiamo. Cristina ci aspetta.

Alì riprende il cammino con passo spedito. Lui e Nuvola. Soli. Nel silenzio più assoluto. L'immagine di Cristina, del suo sguardo penetrante, è diventata la sua forza, la sua energia. Ode l'eco lontana delle campane cristiane, che da Gerusalemme lanciano il loro suono di pace. Una pace che non è mai stata così fragile. Alì ne è consapevole, così come ne sono consapevoli tanti ragazzi come lui. Siano essi israeliani, siano essi palestinesi.

– Nuvola, ma non si arriva mai? Non l'avranno mica ricoperto il nostro passaggio? O stiamo sbagliando strada?

La cagnetta gli salta addosso per manifestargli, con qualche leccatina sul viso, la sua gioia.

– Cosa vuoi dire? Che quasi ci siamo, eh?

Nuvola va avanti e indietro ancora una volta, poi si accuccia e aspetta.

– Brava Nuvola. Grazie.

Aiutato dalla bestiola, che continua ad annaspare, Alì si apre un varco tra i cespugli e le sterpaglie. A un tratto mette il piede su una zolla, che si stacca dal terreno franoso e lo fa precipitare nel fosso, alto più di un metro.

Il ragazzo trattiene a stento un urlo, più di paura che di dolore. Tuttavia non si perde d'animo. Si accerta di non essersi graffiato più di tanto, si massaggia la caviglia e, preceduto da Nuvola, tira un respiro profondo per farsi coraggio e comincia a esplorare il camminamento.

Una volta tornato in superficie, calcola la strada percorsa e il tempo impiegato: un chilometro in trenta minuti.

– Se il passaggio prosegue in questa direzione, ancora qualche chilometro e potrei essere in Gerusalemme – dice Alì, rallegrandosi. E decide: – Domani sarò da Cristina! Sì, lo so, Nuvola. È un'impresa molto pericolosa. Ma con l'aiuto di Allah, ce la faremo. Ora però torniamo a casa. E non pensiamo più al pellegrinaggio.

Un segreto così grande Alì non può certamente confidarlo ai suoi amici. Ne approfitterebbero per penetrare nella città e combinare chissà quanti e quali attentati. Né, tantomeno, può mettere al corrente della scoperta la sua adorata mamma. La quale urlerebbe la notizia a tutto il villaggio, attribuendo la scoperta alla volontà di Allah.

"Povera cara mamma" pensa Alì. "Tutte le rughe che le solcano il viso, ancora tanto bello, sono dovute ai dolori e alle sventure che l'hanno colpita. Ma questo è il volere di Allah".

Alì ricorda la mamma che piange in silenzio. E lui che prova a consolarla e cerca di dirle che non c'è nessuna differenza tra il pianto delle madri e dei padri palestinesi e quello dei genitori ebrei o cristiani.

– Cosa bestemmi! – gli risponde sua madre indignata. – La nostra sofferenza, il nostro dolore, i nostri sacrifici non sono pari ai loro. Le nostre lacrime...

– Le lacrime non hanno patria, mamma, sono uguali per tutti – la interrompe Alì. – Così come il sangue è rosso per tutti gli esseri umani.

Allora gli tornano alla mente i versi di un poeta africano, Ngok Ngana Cameun, che Cristina gli ha fatto imparare a memoria, e comincia a recitare:

"*Chi può versare sangue nero,*
sangue giallo, mezzo sangue?
Il sangue non è indio,
polinesiano o inglese.
Nessuno ha mai visto
sangue ebreo, sangue cristiano
sangue musulmano
sangue buddista.

Il sangue non è ricco,
povero o benestante.
Il sangue è rosso.
Disumano è chi lo versa.
Non chi lo porta".

– Sì, figlio mio, è vero. Il sangue ha un unico colore per tutti. Ma colpire gli Ebrei non è segno di potenza, ma di giustizia divina che trionfa.

– Mamma, non può essere così per tutta la vita. Noi giovani dobbiamo pregare il nostro grande Allah affinché faccia cessare, e non solo qui, ma nel mondo intero, le stragi e gli orrori.

– E quando si accusa l'Islam di tutti i misfatti compiuti, di tutti gli attentati? Cos'è quello, eh?

– È ignoranza, mamma. Non sanno che ci sono gli integralisti, i quali sono dei fanatici che pensano di essere i soli a possedere la verità.

– Ma loro sono ispirati dallo Spirito Divino.

– No, non è così, mamma. Loro vogliono imporre le proprie convinzioni, le proprie idee e la propria volontà.

– Ma non sono pericolosi.

– Cosa dici mamma? Lo sai anche tu che sono pericolosissimi, perché non dànno valore alla vita.

– Alì, ti rendi conto di quello che dici? Loro, in nome del nostro Allah, sono pronti a uccidere come a morire. Perché, gli Ebrei cosa fanno di diverso? Rispondi Alì! Dove hai imparato queste sciocchezze? A Roma? Te l'hanno detto a Roma? O magari a scuola, vero?

– Ascoltami, mamma, non è la scuola che deve preoccuparti, credimi. Io presto compirò quattordici anni e ho già da tempo le mie idee, che non vengono condivise da molti miei coetanei. Né dai miei fratelli. Voglio dirti, mamma, che tutti noi dovremmo capire che solo la pace ci può far smettere di soffrire, che Palestinesi e Israeliani possono convivere spartendosi la terra e rispettandosi a vicenda.

– Che Allah ti ascolti, figlio mio.

– Abbracciami, mamma. Ho ancora bisogno delle tue carezze e della tua forza.

Gli occhi umidi della madre non possono più trattenere le lacrime. Alì gliele asciuga con tenerezza. Restano in silenzio ad ascoltare lo scroscio della pioggia sulla strada. E la pioggia, che continua a cadere dopo mesi di siccità, ha del miracoloso. In casa una bacinella di latta la raccoglie attraverso un foro sul soffitto, provocato da una granata israeliana. Cade goccia dopo goccia. Sembra un lamento.

Scheda di verifica

🕮 IL TESTO

1. *Ricostruisci la trama del capitolo, completando i seguenti periodi.*

– Appena sveglio, Alì, al richiamo di un *muezzin*, ...

....

– Intuendo che il suo padrone sta per uscire, Nuvola ....

....

– Durante il cammino, Alì riceve ....

.... I due si scrivono due volte al giorno e, per poterlo fare, Alì improvvisa ....

– Nuvola precede Alì lungo il cammino. È stata lei, qualche giorno prima, a scoprire ....

.... ed è così che ad Alì è balenata l'idea ....

– Proprio quando crede di aver smarrito la strada, Alì ....

.... Così comincia a esplorare il camminamento e, una volta calcolati i tempi, decide ....

....

– Alì è consapevole di non poter svelare a nessuno il suo segreto, ancor meno a sua madre, che ....

....

– Pensando a sua madre, alla sofferenza che le si legge sul viso, Alì ricorda ....

....

....

I PERSONAGGI

2. *Nel testo non viene fatta una dettagliata descrizione fisica della mamma di Alì. Tuttavia, durante il racconto, ci sono dei particolari riferimenti che possono aiutarti a descriverla come tu l'hai immaginata. Prova a descrivere il suo aspetto fisico e traccia poi un profilo della sua personalità riferendoti alle situazioni che ti proponiamo.*

ASPETTO FISICO ....

....

PERSONALITÀ

- Il suo rapporto con Alì è ....

  ....

- Il suo credo religioso e la situazione in cui vive la inducono a essere

  ....

- Le sue angosce e le sue speranze sono ....

  ....

I LUOGHI E L'AMBIENTE

3. *Prova a descrivere, aiutandoti, se vuoi, anche con un disegno, il passaggio segreto che Nuvola ha scoperto e che Alì vuole tentare di percorrere per arrivare a Gerusalemme senza essere bloccato dalla polizia israeliana.*

LA PRODUZIONE

- Commenta la poesia che Alì recita a sua madre. Esprimi poi il tuo parere sul lungo dialogo che avviene fra madre e figlio a proposito della pace agognata da Alì e della giustizia divina cui fa riferimento la mamma.

Capitolo 15

Un pieno di SMS

Da quando è tornato da Roma Alì viene spesso interrogato da Hussan e da Karim. I due cercano sempre di strappargli qualche informazione utile per i loro progetti e per la loro causa.

– Abbiamo notato che spesso te ne vai in giro vicino al confine. Come mai? – gli chiede Hussan un giorno.

– Perché? È vietato? Non vorrete mica mettermi sotto processo per questo?

– Hai in mente qualcosa? – incalza Karim. – Ti teniamo d'occhio sai?

Alì sa che il fratello lo spia. E proprio per questo si sforza di partecipare, senza discutere, alle esercitazioni assieme agli altri ragazzi. Imbraccia il fucile e spara, accompagnando ogni pallottola con un pensiero alla pace rivolto ad Allah.

La paura che i due gli rovinino il suo piano è così grande da sfiorare il panico. Così, preso in contropiede, dice la verità:

– È vero, spio il confine per trovare un punto debole, un passaggio per entrare in Gerusalemme!

Hussan e Karim non credono ai propri orecchi, lo guardano interdetti esclamando all'unisono:

– Allah è grande!

– Alì! Alì, fratello mio – Karim, quasi commosso, lo abbraccia. – Così deve parlare un vero Palestinese. Oggi è un gran giorno.

– Lo è per noi tutti – aggiunge Hussan. Anche se non sembra molto convinto delle affermazioni di Alì. – Ma non è ancora giunto il tuo momento – aggiunge. – Devi essere più descreto. Si stanno preparando grandi cose e non dobbiamo attirare l'attenzione degli Israeliani su di noi.

– Avete intenzione di passare il confine? – chiede Alì con un filo di voce.

– Se non troveremo un modo migliore, approfitteremo della Pasqua cristiana e ci uniremo ai pellegrini.

Un elicottero sorvola a bassa quota il villaggio. Hussan e Karim spariscono nel dedalo di viuzze, tra case diroccate e macerie, lasciando Alì in balìa di dubbi e timori.

Sul led del cellulare appare l'immagine di una busta. È arrivato un messaggio: "Ti aspetto".

Ormai Alì ha imparato a memoria la sequenza dei comandi, e le dita si muovono sui tasti del telefonino con estrema velocità. Risponde subito: "Spero di venire presto".

"Ti voglio sempre più bene. E tu?"

Alì si sente avvampare. Il cuore gli batte forte mentre scrive la risposta, mormorandola contemporaneamente:

"La nostra è una storia troppo bella. Prima o poi ci terremo per mano e andremo incontro alla pace".

Ma le parole di Karim e di Hussan continuano a turbarlo. Forse stanno preparando un attentato. Forse sono già stati scelti i martiri che lo porteranno a compimento. Alì prega con fervore Allah, il Misericordioso, che suo fratello non sia fra loro.

"È solo questione di tempo" pensa. "Presto moriranno altri Israeliani. Poi arriveranno i carri armati a distruggere le case, ad annientare le famiglie... È solo questione di tempo".

Il sole sembra tramontare prima del solito, quasi presago di un'altra tragedia. I suoi raggi, bassi sull'orizzonte, avvolgono le case polverose e la terra rossa di Palestina, in quello che sembra un ultimo abbraccio, prima che il sudario della notte tinga di nero tutto il cielo. Quel cielo sotto il quale Alì coltiva le sue speranze in un mondo migliore.

"Non è possibile pensare di vivere tutta una vita fra attentati e rappresaglie. Forse sarebbe meglio morire, come Wahid".

Ma a questi pensieri di morte, segue un grido, che Alì si lascia scoppiare dentro: "No! Non è vero! Io amo la vita! Non voglio morire!". La mente corre alla sua vacanza romana, alla serenità trovata con i suoi nuovi amici e, soprattutto, a Cristina. La immagina nella sua casa, certamente bella, da come lei gliel'ha descritta.

Quanti posti di blocco dovrebbe attraversare prima di raggiungerla? I soldati israeliani spesso fanno attendere ore e ore prima di lasciare passare la gente che, disposta in lunghe file, attende rassegnata. Per i Palestinesi, anche spostarsi da un villaggio all'altro è spesso una tribolazione. Ma qualcuno di loro riesce a passare il confine imbottito di esplosivo. Da qualche parte, nelle strade di Gerusalemme, si sentirà un boato, e quel qualcuno non tornerà mai più. Poi ci sarà una tregua provvisoria, ammessa dal Corano per avere il tempo di riarmarsi e colpire nuovamente il nemico, dopo la rappresaglia che segue a ogni attentato.

Un pensiero improvviso, angosciante lo fa tremare e sudare: per la prima volta fra i nemici, potrebbero spegnersi il sorriso di Cristina e le certezze di Jonathan che, come Alì e tanti, tantissimi ragazzi, credono in una pace costruita a tavolino, con il cuore in mano.

Il *muezzin* comincia la sua preghiera. Alì compie meccanicamente i gesti di rito, mentre tutti, attorno a lui, interrompono ogni attività per invocare Allah.

Poco lontano, in un campo sassoso, finita la preghiera alcuni ragazzi giocano a pallone, invitando Alì a unirsi a loro.

– Vieni fratello, giochiamo finché non sarà buio!

"O fino a quando non vi farà scappare qualche granata" pensa Alì mentre s'incammina verso la campagna, lontano dal villaggio. Gli è sembrato di intravedere Karim aggirarsi fra gli ulivi.

Alì teme davvero che lui e Hussan stiano per combinare qualcosa di grave. E teme che Karim possa essere il prescelto. L'angoscia lo prende all'improvviso. Decide di seguire Karim, di spiare le sue mosse. Così, come se stesse giocando a nascondino, comincia a seguirlo, badando di non farsi scoprire. Anche Nuvola partecipa all'inseguimento, circospetta, ventre a terra.

– Brava Nuvola.

Ma Nuvola è irrequieta. Abbaia e corre veloce per catturare un grillo. Poi si spaventa per un frusciare d'erba e pretende di essere presa in braccio dal suo padroncino.

Intanto Karim è sparito in una fitta macchia di cespugli. Alì non riesce a capire dove possa essersi inoltrato. Ma a quel punto, il fiuto di Nuvola ha il sopravvento. Alì la segue. Si avvicina alla macchia, scosta una fronda di olivo e scopre che Nuvola fissa, abbaiando, una specie di trincea, nascosta dal folto della vegetazione e che potrebbe portare chissà dove.

– Ma, Nuvola! Questo è il nostro camminamento segreto. Che giro abbiamo fatto?

Alì non ha tempo di indagare. È ora di cena e non vuole destare sospetti con un ritardo inspiegabile. Poco lontano dal passaggio si imbatte in Karim.

– Alì, da dove spunti?

– Ti ho visto e volevo raggiungerti – mente, non senza arrossire, Alì.

– E perché non l'hai fatto?

– Perché sei sparito. Dove ti eri cacciato?

– A raccogliere un po' di olive, che si sarebbero raddoppiate se fossi venuto anche tu.

"Bene. Del passaggio non sa niente" pensa Alì.

I due fratelli si scambiano appena qualche parola, poi s'incamminano insieme. Giunti a casa la madre li esorta a pulirsi, imbrattati come sono di terra e di polvere. Ma non c'è acqua. Il rubinetto gorgoglia ma non ne esce neppure una goccia. Succede spesso in Palestina. Rassegnati, i due ragazzi si puliscono come possono e si accomodano sul tappeto, nella stanza che funge da cucina, soggiorno e camera da letto per la madre. Poi si servono, prendendo da un grande piatto alcuni pezzi di agnello che divorano con un appetito famelico.

Ma Alì non vede l'ora di finire la cena. È il primo ad alzarsi dal tappeto e, seguito da Nuvola che lo aspetta fuori dell'uscio di casa, si avvia verso le macerie dell'abitazione di Wahid. Due muri sono rimasti in piedi e rappresentano un buon nascondiglio. Lì può scrivere a Cristina senza correre il rischio di essere scoperto. Accarezza il suo cellulare e comincia a digitare.

Alì: "Devi uscire domani?"

Cristina: "Sì, dopo la scuola vado al supermercato con la mamma".

Alì: "Non uscire".

Cristina: "Perché? Vieni a trovarmi?".

Alì: "Non ancora. Presto. Ma tu non uscire".

Cristina: "Perché? Cosa vuoi dire?".

Alì: "In casa sei al sicuro".

Cristina: "Sai qualcosa? Temi un attentato?".

Alì: "Tu non uscire".

Cristina: "Se sai qualcosa devi dirmelo. Qui rischiamo tutti, non solo io".

Alì: "A me importi tu".

Cristina: "Se ti importa di me devi raccontarmi tutto. Hai già dimenticato i nostri discorsi sulla pace?".

Alì: "Non tradirò il mio popolo per nessun motivo".

Cristina: "Nemmeno per me?"

Alì: "Non mettermi di fronte a queste scelte. Potrebbe prevalere quella che non vorrei".

Cristina: "Se sai che sta per compiersi un attentato devi denunciarlo".

Alì: "Alle autorità del tuo paese immagino".

Cristina: “È tuo dovere”.

Alì: “Voglio salvare te. Non voglio collaborare con il nemico”.

Cristina: “Ricorda. Il sangue è di un solo colore”.

Alì: “Come il colore del sangue di Wahid, il ragazzo che abitava la casa distrutta da cui ti scrivo, e che è morto tra le mie braccia”.

Cristina: “Se sai qualcosa devi dirlo. È tuo dovere”.

Alì: “Non sono un assassino, ma non sono nemmeno una spia. Non dirmi cosa devo fare”.

Lo scambio di messaggi sul led si interrompe. Alì sa di essere stato duro, ma non si aspettava che Cristina interrompesse la comunicazione.

“Cosa può essere successo? Forse ha dovuto interrompere perché è entrato qualcuno nella sua stanza. Oppure si è arrabbiata? Mi scriverà ancora? O la nostra amicizia è finita così? Colpa degli SMS. Sì, colpa proprio dei messaggi scritti così rapidamente. Certo, le parole dette guardandosi negli occhi, o sentendo il tono della voce, hanno significati e forza diversi”.

Alì ne è convinto. Non vuole tradire Allah, il suo Paese, la sua famiglia. Ma non vuole nemmeno offendere Cristina.

Alcune note della canzone del cuore di Cristina lo risvegliano dalle sue dolorose riflessioni. Si guarda attorno preoccupato. Il cellulare continua a emettere lo stesso suono. Il cellulare ora ha la voce di Elisa. Alì è convinto che, oltre a essere un telefonino, è anche una radio. Finalmente la canzone si interrompe e si sente il bip del messaggio.

Cristina: “Perché non rispondi?”.

Alì: “Eccomi qua”.

Intanto il cellulare riprende a suonare la canzone di Elisa. Finalmente Alì intuisce che è la suoneria del telefonino e si decide a rispondere.

– P... pronto?

– Sono io.

– Cristina? Sei proprio tu? Oh, che bello sentirti! Quando hai smesso di scrivere mi è sembrato di morire!

– Ho dovuto trovare un posto per poter parlare tranquillamente. Mi trovo sul terrazzo condominiale del mio palazzo.

– Non uscire, ti prego. Stanno preparando qualcosa. Ho paura per te.

– Devi denunciare la cosa. Devi raccontare alla polizia quello che sai. Dobbiamo fare in modo che la nostra speranza di pace diventi qualcosa di vero, di tangibile. Dobbiamo opporci alla violenza con i fatti, Alì. Dammi retta, ti prego.

– No. Non andrò mai a denunciare un Palestinese all'esercito israeliano. Io li odio: anche se desidero la pace. Sai da dove ti parlo, ora? Dalle rovine di casa di un mio amico d'infanzia. Dalla casa di Wahid, che è stato ucciso, armi in pugno, durante l'ultima incursione della tua gente.

– Quindi anche lui impugnava un'arma.

– Già. Ma per difendere la nostra terra, le nostre case, le nostre famiglie. Era stanco di vedere i soldati israeliani sfondare le porte e mettere a soqquadro le case alla ricerca di armi o altro. Ma lo sai che cosa vuol dire vivere tutta la vita nella paura? Non poter andare in giro senza passare interminabili ore ai posti di blocco. Vivere ammassati in campi profughi sporchi e squallidi?

– So anch'io cos'è la paura. Nessuno qui in Terra Santa ha l'esclusiva del dolore. Ma tu ora devi denunciare il progetto di un attentato, Alì. O morirà altra gente!

– Io non chiedo nulla. Non voglio nulla! Voglio solo vivere libero nella mia terra! – Alì ora è disperato, e non sembra neanche sentire le parole di Cristina. – Mio padre un giorno uscì di casa per andare al mercato e non è più tornato. Non è terrorismo questo, eh? Ho visto morire Wahid, e presto potrebbe toccare ai miei fratelli o a mia madre. E io devo andare a esercitarmi con le armi, anche se le detesto, anche se mi terrorizzano, perché altrimenti la mia famiglia verrebbe emarginata e non riceverebbe più aiuti dalla solidarietà araba. Non avremmo di che vivere, e non avremmo più medicine. E intanto non posso neppure venire a trovarti. Ma che vita è questa?

– Vivere tutta la vita in prigione... – mormora Cristina. – Capisco quello che stai provando.

– Vivere in miseria, vivere senza speranza...

– Ribellati, Alì.

– Non è così semplice.

– Non si può vivere così.

– Lo so. Ma i nostri ideali...

– Sì, io... io ti capisco, Alì. Capisco che può essere bello dare l'addio al mondo in un'unica fiammata di gloria, di dolore... E dare un senso a una vita che, altrimenti, è peggiore di quella dei topi. Capisco che chi lo fa ha un grande ideale per il quale è disposto a morire, capisco...

– Non abbiamo nulla da perdere, oltre alla vita stessa. Ed è quella, che gettiamo in faccia ai nostri nemici. Anche voi cristiani avete dei martiri, no? Anche gli Israeliani si sono sacrificati per affermare il loro diritto a esistere come popolo indipendente. Ora tocca a noi. Non può essere altrimenti.

– Non può essere altrimenti... – ripete incredula, scoraggiata Cristina.

– Se fossi qui, anche tu lo penseresti. Anche tu andresti a immolarti pur di sapere che con te muore anche il nemico. Ti confesso che a volte ci ho pensato anch'io. Quando sono disperato e non vedo vie di uscita. Come ora.

– Alì, devo chiudere! Ricorda le parole che ti ho detto, Alì, per amor del cielo... Sono sicura che alla fine prenderai la decisione giusta.

La comunicazione improvvisamnte si interrompe. Alì rimane in silenzio, accovacciato a terra. Poi piega il capo tra le braccia e piange senza ritegno.

Scheda di verifica

🕮 IL TESTO

1. *Indica con una crocetta la risposta che ritieni esatta.*

– Alì continua a esercitarsi alla guerra con gli altri ragazzi, perché
- ❑ ha capito che è l'unico modo per combattere il nemico;
- ❑ Karim lo tiene d'occhio e non vuole destare sospetti;
- ❑ da buon Palestinese, non può tirarsi indietro.

– Quando Hussan dice di averlo visto spesso nei pressi del confine, Alì
- ❑ mente e dice che vi è capitato per caso;
- ❑ nega con decisione;
- ❑ confessa che sta cercando un modo per entrare a Gerusalemme.

– Quando Alì chiede se intendono passare il confine, Karim risponde
- ❑ che hanno programmato di farlo durante la notte;
- ❑ che approfitteranno della Pasqua cristiana per unirsi ai pellegrini;
- ❑ che vorrebbero farlo, ma non è ancora giunto il momento.

– Alì è colto da un pensiero angosciante. Infatti, teme che
- ❑ in un attentato Cristina e Jonathan possano perdere la vita;
- ❑ Hussan lo designi quale "martire" nel prossimo attentato;
- ❑ Karim possa trascinare anche Abuh nella sua folle impresa.

– Temendo che Karim sia coinvolto in qualcosa di molto grave, Alì
- ❑ decide di seguirlo e di spiare le sue mosse;
- ❑ pensa di parlarne alla madre;
- ❑ decide di affrontare il fratello e di ostacolarlo nell'impresa.

– Cristina chiede ad Alì di denunciare l'attentato, ma il ragazzo dice
- ❑ che dovrà riflettere attentamente prima di prendere una decisione;
- ❑ che se lo farà, dovrà lasciare per sempre la Palestina;
- ❑ che non intende collaborare con il nemico.

I PERSONAGGI

2. *In seguito alla rivelazione di Alì di un possibile attentato a Gerusalemme, Cristina tenta di convincere il ragazzo a denunciare il fatto. Ne nasce una discussione in cui vengono fuori le angosce di entrambi i ragazzi. Riportale nella tabella.*

Le angosce di Cristina	Le angosce di Alì
....	....
....	....
....	....
....	....
....	....
....	....
....	....

LA PRODUZIONE

- "*Non è possibile pensare di vivere tutta una vita fra attentati e rappresaglie. Forse sarebbe meglio morire, come Wahid*".
  Da questo terribile pensiero di morte trapelano la disperazione e l'angoscia che Alì sta provando. E anche se, subito dopo, nel suo animo si affacciano parole come "*No! Non è vero! Io amo la vita!*" sappiamo che esse non hanno certo il sapore della serenità e della consapevolezza.
  Se tu potessi parlare con Alì e dargli un messaggio con il quale infondergli fiducia, speranza e amore per la vita, che cosa gli diresti?
- La discussione fra Alì e Cristina, a proposito della denuncia, da parte di Alì, di un possibile attentato, si chiude con le parole di Cristina: "*... Sono sicura che alla fine prenderai la decisione giusta*".
  Conoscendo i dubbi e le paure elencati da Alì, quale pensi che sarà la posizione del ragazzo?

Capitolo 16

Un incontro rimandato

La luce dell'alba cattura il colore del cielo. È quasi primavera. Gli uccellini cinguettano sui tetti e sulle macerie di ciò che è rimasto del villaggio di Alì.

Alì è agitatissimo. Ha paura che qualcuno possa scoprire la sua fuga. Sgattaiolando quatto quatto dalla casa e dal villaggio, ancora immersi nel sonno, si avvia verso la campagna.

Un profumo agreste aleggia nell'aria mattutina. Alì si passa una mano tra i capelli arruffati e nerissimi, come il colore e la profondità dei suoi occhi. Poi si accarezza quella sottilissima lanugine scura che gli sta crescendo sotto il naso e sul mento. Si sente già adulto. Sa di essere bello. Glielo hanno fatto capire anche le ragazze che ha conosciuto in Italia. E sa anche di piacere a molte ragazzine del suo villaggio che, però, lui snobba. È magro, molto magro. Le scapole sporgenti s'intravedono attraverso la maglietta. La testa, a causa della capigliatura enorme e arruffata, sembra sproporzionata al resto del corpo. Ma alle ragazzine piace così.

Il canto rituale del *muezzin* invita alla preghiera mattutina. Alì distende al suolo la sua piccola stuoia, si inginocchia verso La Mecca, tocca il suolo con la fronte e prega, terminando sempre con una supplica:

"Grande, onnipotente Allah, guidaci tutti sul cammino della giustizia e della misericordia, allontanando la vendetta da tutti i cuori".

Dopo qualche settimana trascorsa lacerandosi dal desiderio di rivedere Cristina e Jonathan, Alì non ha più indugi: deve raggiungerli.

Così si alza e si concentra su un unico pensiero: raggiungere il passaggio segreto che lo farà entrare in Gerusalemme senza insospettire gli Ebrei che presiedono il posto di blocco al confine.

Il sentiero sterrato è ricoperto di cespugli di ibisco, di rovi, di sterpaglie ed è fiancheggiato da alberi. Alì avanza circospetto. A cinquanta passi dall'ultimo albero, sulla sua destra inizia un fossato molto stretto: forse, all'origine, doveva essere una vecchia trincea, sfuggita a tutte le ricerche, sia a quelle dei Palestinesi sia a quelle degli Israeliani.

Ma improvvisamente è colto da un dubbio: se in casa si accorgono che lui e Nuvola mancano da molte ore, potrebbero cercarli. E mandare a monte il suo piano. No, non è stata una buona idea quella di alzarsi all'alba e di sgattaiolare via come un ladro. È preferibile farsi vedere.

Allora torna al villaggio. Seduti al tavolino di quello che una volta era considerato un ritrovo all'aperto, alcuni uomini in *gellaba*[1] candide e ben stirate fumano e bevono tè. Appoggiati ai tavolini, i loro fucili mitragliatori. Hanno un'aria rilassata, di chi ha la situazione sotto controllo. Tra loro c'è Karim che, nel vedere il fratello, si alza in piedi eccitato e si sistema con cura il fucile contro la spalla.

– Alì, dove vai? Con i tempi che corrono...

– Faccio fare una passeggiata a Nuvola.

Alì segue con apprensione i movimenti di Karim. Non gli piace l'idea di vederlo con un Kalashnikov tra le mani.

A un tratto Karim prende la mira e lascia partire tre colpi verso il cielo.

---

1. *gellaba*: ampia e lunga veste, tipica soprattutto degli arabi dell'Algeria e del Marocco, con maniche e cappuccio, in lana o cotone.

– Hai visto Alì? È perfetto. Straordinario. Morbido. Preciso. E, quello che più conta, non rincula.

L'aria è fresca e limpida e il cielo del mattino è di un azzurro chiaro, ma quei tre colpi hanno raggelato il cuore e lo sguardo di Alì.

– Dài, rilassati Alì. Vuoi provarlo anche tu? Gran bel fucile, vero?

– Sì, gran bel fucile – ripete Alì, e scappa via, imbattendosi in una dozzina di ragazzini che trascinano, stanchi ma felici, il frutto dei saccheggi notturni.

"Si preparano al prossimo *geènna*[2]" pensa Alì. "E il loro sacrificio aumenta il furore degli Israeliani e di noi Palestinesi, contribuendo a rafforzare l'odio di entrambi. E io sto andando in terra nemica".

Per la prima volta, Alì si rende conto della gravità del suo progetto. Non può tradire Allah. Ma non può neppure rinunciare al suo grande sentimento per Cristina e alla sua profonda amicizia per Jonathan.

In lontananza, le colline di Sion e la valle del Cedron che, per le abbondanti, recenti piogge sulla Città Santa, sono ancora più verdi, rallentano la corsa di Alì, che si incanta ad ammirarle.

Nel cielo, ora di un blu intenso, il sole si leva sempre più alto, e il caldo si fa sentire.

Alì è in cammino da circa due ore quando, da lontano, intravede i *kibbutz*[3], disposti sulle pendici di una collinetta in mezzo a filari di vite, frutteti di melograni, cespugli di rose e alberi di magnolie. Il profumo del villaggio, trasportato da un leggero

2. *geènna*: valle presso Gerusalemme, dove venivano compiuti sacrifici umani al dio Moloch; nel linguaggio evangelico, luogo di eterna dannazione dove brucia il fuoco infernale; per estensione, luogo di tormento.
3. *kibbutz*: in Israele, fattoria con organizzazione collettivistica.

venticello primaverile, arriva alle narici di Alì, che lo inspira con voluttà. È ormai arrivato al camminamento e quasi vi si tuffa dentro. Mentre cammina toccando i lati del tunnel pensa alle parole che potrà dire a Cristina appena la vedrà:

– "Ciao. Come stai? Io bene. Così spero di te". Ma no, così non va. Non è mica una lettera! "Cristina io vorrei dirti..." Già, che cosa vorrei dirle? Che i nostri due paesi sono ancora in guerra? Lei questo lo sa. – Infine prende fiato e comincia a esprimere a voce altissima il profondo affetto che nutre per la ragazza. Parole che sa di non poter mai riuscire a dirle di persona, né attraverso uno scritto:

– Cristina, io penso a te giorno e notte. Non dormo, non mangio. Tu per me sei una persona speciale. Sono convinto, sono sicuro, sono certissimo, sono pronto a scommettere che sei la ragazza giusta per me. Cristina, tu sei il mio destino. Sei l'unico scopo della mia vita. Cristina, io ti sposerò... Oh, se ti sposerò. Per me sei la più bella, sì bella... bellissima, bellissimissimaaa!

E, in un abbraccio virtuale, la stringe a sé. Ma è Nuvola che gli salta addosso, guaendo e abbaiando di gioia, pensando che tutte quelle tenerezze siano per lei. Dopo una breve sosta per prendere fiato, Alì accarezza il musetto della sua compagna e la esorta a rimettersi in marcia:

– Forza, Nuvola, si va dritti alla meta.

All'altezza di una diramazione del camminamento, facendo i calcoli dei chilometri che ha percorso, si blocca, convinto di essere arrivato al punto giusto. Cerca di districarsi dai cespugli per emergere dal tunnel, sposta i rami secchi, poi si arrampica sul fossato ed eccolo in territorio nemico.

Con circospezione si guarda attorno per accertarsi che nessuno lo abbia visto. Ma quel posto sembra abbandonato. Imbocca poi un viottolo e percorre una salita abbastanza ripida. Raggiunge un nucleo di piccoli negozi tipo *bazar*. Non può sottrarsi alla paura. I movimenti diventano lenti e controllati. Cerca di tenere sotto controllo anche il suo respiro, che si sta facendo corto e affannato.

A un tratto un boato, subito accompagnato dal rumore di vetri infranti provenienti dal blocco di casupole appena superate, lo costringe a ripararsi in un fosso. Qualche minuto dopo il suono di un allarme sovrasta le urla, i pianti, le imprecazioni dei disperati.

I battiti del cuore di Alì sono a mille. Le gambe non lo reggono. È tutto un tremore.

"Hanno ragione i miei amici e i miei fratelli: sono un cacasotto". Di questo Alì si rende conto. Non si rende conto, invece, di non essere ancora entrato in Gerusalemme. La zona in cui si trova è territorio palestinese, occupato, però, da una colonia israeliana.

Alì non capisce l'ebraico. Ma la differenza fra chi implora e chi impone, sì. Striscia sul terreno, fino ad avvicinarsi il più possibile ai gemiti strazianti di un giovane. Riesce a vederlo per pochi istanti, senza poterlo soccorrere.

Un gruppo di ragazzi ebrei lo vede a pochi metri dal ferito e, ritenendolo un complice degli attentatori, comincia ad aggredirlo, prendendolo a calci.

Alì non reagisce. Che potrebbe fare, da solo contro tanti? Chiude gli occhi, serra i denti, stringe i pugni e si raggomitola su se stesso.

Intanto il ferito si lamenta. Gli aggressori, pensando che Alì sia morto, o comunque tramortito, soccorrono il ferito e, tenendolo in braccio, si allontanano.

Alì prova ad alzarsi, ma ricade su se stesso. Il corpo gli duole per le percosse subite. Si guarda intorno alla ricerca di Nuvola. La cagnetta non c'è.

– Nuvola, Nuvola! Nuvola dove sei? Nuvolaaaaa? – Il solo pensiero di averla persa gli dà la forza di rialzarsi, nonostante il corpo dolorante. "Perché non l'ho lasciata a casa?" pensa. "Perché non l'ho fatto? Perché? È tutta colpa mia".

Piange, Alì. Si dispera. Ma i singhiozzi gli muoiono in gola. Deglutisce la saliva che, a tratti, gli impedisce di respirare. Vorrebbe urlare ma è paralizzato dalla paura, dal terrore.

"Cosa può esserle accaduto?" Alì, frastornato e addolorato per Nuvola, non sa darsi pace. Poi il pensiero va alle vittime di quell'esplosione, che ha distrutto un intero *kibbutz*. Lui avrebbe potuto essere fra queste.

Una colonna di fumo nero continua la sua corsa verso il cielo. Sembra un gigantesco mostro dalle fauci spalancate, pronto a inghiottire il mondo.

Le vie sono disseminate di relitti carbonizzati dei carri armati, degli scheletri inceneriti dei camion e delle automobili. Lo spettacolo è allucinante.

Alì è stravolto. Si ferma a osservare il profilo sinuoso delle montagne velate di azzurro, che circondano Gerusalemme e le mura dorate della città. Si rende conto che non può proseguire. Sarebbe troppo pericoloso.

– A presto Cristina – mormora. – Il nostro incontro è rimandato.

Poi, con la morte nel cuore, passo dopo passo, ripercorre il tunnel che lo ha condotto fino a lì. Un sottile rivolo di sangue e un guaito sommesso gli fanno percorrere l'ultimo tratto più speditamente. La speranza di ritrovare Nuvola gliene dà la forza.

Accucciata in una pozza di sangue, con il musetto triste, ma ancora viva, Nuvola lo sta aspettando... prima di salutare per sempre il suo padroncino.

– Nuvola... Nuvola...! Nuvolaaaaa!

Scheda di verifica

IL TESTO

1. *Con l'aiuto dei termini sottoelencati ricostruisci gli episodi del capitolo che hai appena letto.*

1. alba - Alì - agitatissimo - fuga - campagna

....

....

....

2. pensiero - paesaggio - Gerusalemme - Ebrei - confine

....

....

....

3. dubbio - casa - molte ore - cercarlo - piano

....

....

....

4. villaggio - Karim - kalashnikov - colpi - Alì

....

....

....

5. tunnel - Cristina - parole - abbraccio - Nuvola

....

....

....

6. calcoli - sbuca - territorio - circospezione - abbandonato

....

....

....

7. boato - fosso - allarme - urla - disperati

....

....

....

8. ragazzi - ferito - complice - Alì - calci

....

....

....

9. Nuvola - tunnel - guaito - sangue - salutare

....

....

....

I PERSONAGGI

2. *Dalla descrizione fisica che viene fatta nel testo, prova a raffigurare Alì con un disegno.*

Il suo ritratto

3. *Esprimi il tuo giudizio sul comportamento adottato da Alì in questo capitolo* ....

....

....

....

LA PRODUZIONE

– Alì ha rischiato di essere vittima di un attentato. È stato poi picchiato selvaggiamente da alcuni ragazzi ebrei, che lo hanno creduto complice dell'attentatore. Ciò nonostante, Alì ha solo rimandato il suo incontro con Cristina.
Come giudichi la sua determinazione di rivedere la ragazza, ben conoscendo i numerosi pericoli cui potrà andare ancora incontro?

Capitolo 17

Col fiato sospeso

A Gerusalemme è una giornata opaca, malinconica.

– Jonathan, hai notizie di Alì?

– No, Cristina. L'ultimo contatto l'ho avuto l'altro ieri, poco prima dell'esplosione.

I due cugini sono molto in ansia per l'amico.

– Allora vi siete sentiti? Gli hai parlato? Come sta? Ti ha mandato un SMS? Io non ricevo messaggi da due giorni.

– Per favore calmati. Sì, mi ha inviato un messaggio nel quale diceva che presto sarà qui.

– Come? E perché lo ha scritto a te?

– Questo non lo so. Comunque, mi ha scritto che non devi preoccuparti.

– Con i tempi che corrono come faccio a stare tranquilla? – replica Cristina. – Hai sentito il notiziario?

– Sì, e ho letto anche il giornale – risponde Jonathan, prendendo il quotidiano e aprendolo sulla prima pagina. Quindi comincia a leggere: "Attentato dinamitardo in un *kibbutz*..."

– Non andare oltre. Non voglio sapere – lo interrompe subito Cristina. So già che si parla di sangue versato... che poi si mescolerà ad altro sangue... E poi rappresaglie, vendetta... Non avrà mai fine!

– La Bibbia dice "chi sparge il sangue di un uomo, per mezzo di un uomo, il suo sangue sarà sparso".

– Come dire "occhio per occhio, dente per dente".

La signora Rachele, la mamma di Jonathan, entra dalla porta tutta trafelata.

– Ragazzi, avete visto il telegiornale? C'era un servizio di tuo padre, Cristina.

– Sì, mamma, lo abbiamo visto, purtroppo. Ma quando finirà, Dio mio?

– Ci saranno sempre conflitti tra Arabi ed Ebrei. Viviamo tutti nell'emergenza.

– Ma perché? Perché, dico io? – si chiede con ansia Cristina.

– Perché ci vedono come invasori. Vorrebbero mandarci via in ogni modo. E, in ogni modo, noi saremo costretti a combatterli... E la comunità ebraica, in Palestina, finché sarà là, deve mantenersi separata e distinta dal loro contesto nazionale e culturale.

– Ma perché mamma? Non mi sembra giusto – la interrompe Jonathan.

– Perché noi abbiamo una cultura diversa, che non potrà mai essere condivisa da loro – continua la signora Rachele, e aggiunge: – E questo è uno dei motivi per cui non ha senso imparare la loro lingua, come sta cercando di fare Cristina.

– Continuo a non essere d'accordo – ripete Jonathan.

– Figurati io – bisbiglia Cristina.

– E poi ti ricordo, mamma, che tra gli Arabi della Palestina ci sono anche moltissimi Ebrei.

– Hai ragione, Jonathan – conferma il signor Riccardo, il papà di Cristina, appena rientrato dalla Striscia di Gaza, dove ha realizzato un nuovo servizio per la televisione italiana.

– Papà! – Cristina corre ad abbracciare suo padre.

– Ciao, cognata, ciao Jonathan – saluta l'uomo, che subito riprende il discorso: – Sapete, potrei raccontarvi una storia a questo proposito, ma non so se zia Rachele preferisce che me ne stia zitto – e, così dicendo, il signor Riccardo prorompe in una simpatica risata.

– No, dài, papà, racconta!

– D'accordo, ma solo se mia cognata preparerà qualcosa di buono per cena. Ho una gran fame.

– Anch'io, se è per questo – esclama Cristina.

– Ho capito, anche stasera restate a mangiare con noi – dice sorridendo la signora Rachele. – Sarà bene, allora, che avvisi mia sorella di venire direttamente qui – aggiunge, prima di scomparire in cucina.

La signora Rachele e sua sorella Sara, la mamma di Cristina, abitano sullo stesso pianerottolo e, dal momento che Sara fa la scrittrice ed è spesso fuori per lavoro, capita che la mamma di Jonathan li inviti a cena o a pranzo.

– Allora, zio, qual è la storia che volevi raccontarci? – chiede Jonathan.

– È la storia degli Arabi in Palestina ai tempi dei Romani. A quell'epoca, infatti, i Romani catturarono migliaia e migliaia di Ebrei per poi venderli come schiavi o per imporre loro di lottare nelle arene per divertire il pubblico. Ciò nonostante, moltissimi Ebrei rimasero in Palestina.

– E chi erano?

– Per la maggior parte contadini, ben piantati e vigorosi, che continuarono a lavorare la terra. Una buona parte fu costretta a convertirsi al cristianesimo, un'altra ancora dovette abbracciare la legge religiosa dei musulmani quando il paese cadde in mano ai conquistatori arabi. L'affinità che c'è tra gli Arabi della Palestina e gli Ebrei è maggiore persino di quella che c'è tra loro e gli Arabi degli altri paesi vicini.

– In effetti, Jonathan, il tuo naso non assomiglia molto a quello di un ebreo – osserva Cristina.

– È vero – dice il signor Riccardo. – E questo perché gli Ebrei posseggono un patrimonio genetico misto.

– Israele è un paese bellissimo in cui accadono cose terribili – afferma Cristina.

– In cui si starebbe molto bene se non si stesse così male – le fa eco Jonathan.

– In cui vive la gente più varia, più incredibile, più straordinaria del mondo, quando riesce a sopravvivere – interviene la signora Sara, che è entrata in quel momento, mentre dà un bacio sulla guancia al marito.

– Dove bastano due settimane senza attentati e tu vedi le spiagge pullulare di giovani, e negozi e bar riempirsi di gente – riprende Jonathan.

– E Gerusalemme... – aggiunge Cristina – così affascinante, così misteriosa... Sono immagini che...

– Che, da un momento all'altro, possono trasformarsi in immagini devastanti – conclude Jonathan.

– Ma perché il Signore aveva deciso di trasformare proprio un villaggio chiamato "Salem" in "Gerusalemme", quando, all'epoca, fiorivano città come Babilonia, Atene, Damasco, Alessandria? – chiede Cristina.

– Perché l'aveva resa unico centro, unico fulcro di fede, di sofferenza e di splendore divino – spiega con la sua voce gentile la signora Sara.

– Ecco perché sono felice di essere nata qui – dice Cristina.

– A questo proposito – riprende la signora Sara – il *talmud*[1] recita: "Dopo aver creato la terra e il cielo, Dio aveva diviso tutta la bellezza e tutto lo splendore della sua creazione in dieci parti uguali. Assegnò nove parti di bellezza e di splendore a Gerusalemme e una parte sola al resto del mondo. Poi, Dio divise allo stesso modo, in dieci parti, tutta la sofferenza e tutto il dolore del mondo. Assegnò nove parti di sofferenze e di dolore a Gerusalemme e una parte sola al resto del mondo".

---

1. *talmud*: raccolta, conservata in doppia redazione, palestinese e babilonese, di trattati giuridici, religiosi e ritualistici del III-V sec. d. C., che contengono la dottrina giudaica postbiblica in forma di sentenze fondamentali e di interpretazioni e ampliamento di tali sentenze.

– Vedete ragazzi – interviene il signor Riccardo. – Israele è l'unica democrazia del Medio Oriente. Ed è minacciata dal terrorismo suicida e dall'odio di centinaia di milioni di Arabi, che non hanno mai accettato la sua esistenza. E noi, per realizzare una società, facciamo ricorso alle armi.

– Zio, io non credo più nella lotta armata – dichiara Jonathan.

– Tutti noi giovani, crediamo nel dialogo – sostiene Cristina.

– Lo sapete che centinaia di migliaia di ragazzini stanno combattendo in ogni parte del mondo? Pensate, ragazzi, questi bambini crescono senza carezze. Bambini che, a soli dieci, undici anni, vengono assoldati per combattere. Gli dànno in dotazione una pistola e, dopo due mesi, gli consegnano il loro primo fucile automatico.

– È orribile solo a pensarlo, papà.

– Zio, quanti secoli ha Gerusalemme?

– Quaranta secoli, figliolo.

– E dopo quaranta secoli, ci sono ancora le guerre per conquistarla!

– È assurdo che dopo quaranta secoli ci sia ancora tanto odio – aggiunge Cristina.

– L'altro giorno – la voce della signora Sara li raggiunge dalla cucina, dove la donna sta aiutando la sorella a preparare la cena – si è presentato a un posto di blocco un ragazzino, avrà avuto poco più di dieci anni, con il fucile e con la mano sinistra alzata, in segno di resa. I soldati gli hanno fatto cenno di avvicinarsi...

– Non dirmi che è fuggito e che gli hanno sparato! – urla Cristina, interrompendola.

– No, affatto. Il ragazzino si è avvicinato alla postazione molto lentamente...

– Era un kamikaze?

– È quello che hanno pensato i soldati.

– E invece?

– Invece era solo un bambino affamato. Così i soldati, dopo averlo perquisito e sfamato, lo hanno accompagnato in un istituto, da dove lo hanno poi lasciato andare per la sua strada.

– Questi sono episodi che ci fanno onore, vero papà?

– Sì. Una briciola di bontà che per un secondo fa dimenticare la violenza e la cattiveria.

– E adesso, tutti a tavola! – annuncia la signora Rachele.

– Finalmente si mangia.

– Che profumino! Cosa c'è di buono?

– Arrosto e lesso, brodo con palline di azzimo[2]... e poi un bel *haroset*[3], so che ti piace molto.

– Zia, sei mitica!

– E per gli altri della famiglia? – chiede il signor Riccardo.

– Ci sarà una sorpresa.

– Bene cognata. Allora, tutti a tavola e buon appetito.

---

2. *azzimo*: pane non lievitato, consumato dagli Ebrei nella settimana pasquale e dai Cattolici durante il rito della Messa.

3. *haroset*: impasto di noci, mandorle e datteri tritati finemente e mescolati con il vino.

Scheda di verifica

🕮 IL TESTO

1. *Completa il riassunto.*

Cristina, in ansia per Alì, chiede a Jonathan .... e il cugino risponde .... in cui Alì diceva ....

In quel momento la signora Rachele, la mamma di Jonathan, entra dalla porta e chiede ai ragazzi ....

Fra i tre si avvia una discussione a cui interviene improvvisamente anche ...., che è ....

L'uomo racconta ai ragazzi la storia .... ai tempi dei romani. Poi, mentre i ragazzi commentano l'attuale situazione in Israele, la signora Sara .... e spiega a Cristina l'origine della città di Gerusalemme.

I ragazzi parlano poi del fatto che non credono più .... ma .... Il signor Riccardo ricorda loro che, in ogni parte del mondo, ci sono .... A quel punto la signora Sara racconta che, qualche giorno prima, un ragazzino .... I soldati, credendo che fosse ...., gli avevano fatto cenno di avvicinarsi lentamente. Ma avevano scoperto che .... Così, dopo averlo ...., lo avevano accompagnato ....

Intanto la signora Rachele annuncia .... e che ha preparato .... per Cristina.

I PERSONAGGI

2. *Rispondi alle domande su questi tre personaggi.*

- Di che nazionalità è il papà di Cristina? ....
- Quale lavoro svolge? ....
- Quale grado di parentela c'è fra Sara e Rachele? ....
- Che lavoro svolge la mamma di Cristina? ....
- Per quale motivo Rachele invita spesso Cristina e suo padre a pranzo? ....

I LUOGHI E L'AMBIENTE

3. *Ricostruisci brevemente la storia degli Arabi in Palestina ai tempi dei Romani.*

....

....

....

....

....

LA PRODUZIONE

- La mamma di Jonathan sostiene che la comunità ebraica in Palestina deve mantenersi separata e distinta dal contesto nazionale e culturale dei Palestinesi. Ciò perché gli Ebrei hanno una cultura diversa che non potrà mai essere condivisa da loro. E che pertanto non ha senso imparare neppure la loro lingua.
  Commenta questa filosofia ed esprimi il tuo parere in proposito.
- L'episodio del ragazzino che si presenta a un posto di blocco israeliano con il fucile e con la mano alzata, in segno di resa, ci fa riflettere e ci riporta alla mente altre immagini, simili e recenti, legate alla guerra in Iraq.
  Esprimi le tue opinioni sul ruolo svolto dai bambini in questo o in altri conflitti.

Capitolo 18

Alì a Gerusalemme

Alì non riesce a mettere in ordine i suoi pensieri tanta è l'eccitazione che prova. Finalmente ce l'ha fatta! È riuscito ad allontanarsi da casa e a percorrere fino in fondo il passaggio segreto senza che nessuno lo vedesse. Le colline che si è lasciato alle spalle catturano il colore del cielo e fugano ogni tipo di paura. Con passo spedito, sorride a tutti. È felice. Anzi felicissimo. Si trova già in territorio nemico. Gli torna in mente la storia degli Orazi e dei Curiazi raccontata da Alessandro. Quanti morti si eviterebbero in questo modo!

L'appuntamento con Cristina e Jonathan, fissato qualche ora prima attraverso un SMS – il primo che è riuscito a trasmettere dopo l'ultimo attentato – è in via Benyereda, dove si ritrovano i giovani di Gerusalemme e dove, qualche mese prima, un kamikaze si è fatto esplodere con un bel po' di tritolo.

L'incontro non potrebbe essere più emozionante. Alì e Cristina divampano. Jonathan abbraccia l'amico con calore.

– Poi mi racconterai quale stratagemma hai adottato per entrare indisturbato a Gerusalemme – gli domanda Jonathan.

– È la città più bella del mondo... – risponde Alì, eludendo la domanda.

– Perché cambi discorso? – lo rimprovera Cristina.

– Poi vi racconterò. Sai, Cristina, avevi proprio ragione quando, a Roma, mi dicesti che Gerusalemme è una città di luce; però non mi hai mai svelato il perché.

– Forse perché l'altitudine e la brezza che soffia costantemente la proteggono dall'inquinamento. Almeno, questa è la convinzione di mio padre.

– Cosa fanno i tuoi genitori? – si interessa Alì.

– Mia madre è una scrittrice. Tiene spesso delle conferenze sulla pace e parla di tutto ciò che le sta a cuore. Da anni si batte per promuovere un dialogo in Medio Oriente. Da anni organizza incontri fra Arabi ed Ebrei, fra Israeliani e Palestinesi, parlando di ragioni e di coscienze.

– Ed è contenta di quello che fa?

– Sì. Anche se spesso le sento dire che la pace non ha più bisogno di tempo per mettere le radici.

– Ma gli attentati non la fermano, non la preoccupano?

– Certo che sì. Le sollevano tanti dubbi. Ma niente, nulla, nessuno riesce a turbare la sua speranza di pace.

– Che ha trasmesso anche a te...

– Sì. E anche al mio papà.

– E il tuo papà cosa fa?

– È un giornalista televisivo e realizza servizi per la Tv italiana.

– Sono italiani?

– Solo mio padre. Mia madre è ebrea e scrive anche in *yiddish*[1] i suoi romanzi. Mia nonna materna ha trasmesso a mia madre e a sua sorella, la mamma di Jonathan, tutto il suo amore per Gerusalemme e per la tradizione. Per esempio il venerdì sera, ancora oggi, la mamma e zia Rachele accendono le candele per il *sabbath*[2], rendendo omaggio alle generazioni passate, che hanno mantenuto intatto questo rito.

– Ma che tipo di rito è? – domanda Alì.

---

1. *yiddish*: lingua del gruppo germanico, parlata dalle comunità ebraiche della Germania, dell'Europa orientale e ora anche negli Usa.
2. *sabbath*: per gli Ebrei, giorno consacrato a Dio, che in esso cessò l'opera della creazione.

– È un'invocazione alla vita.

Un senso di tristezza pervade l'animo di Alì, che sente sempre invocazioni rivolte alla morte.

Mentre i tre amici passeggiano, una donna vestita di nero a un tratto punta un dito contro Alì e urla:

– Tu non sei un ebreo! Negalo se ne hai il coraggio. Tu non sei ebreo! Non hai la faccia di un ebreo. Tu sei uno di quei mostri assetati di sangue che strisciano fuori dalle loro topaie per farci morire!

Cristina, Alì e Jonathan sono impietriti. La donna li ha bloccati così, in mezzo alla gente. Con gli occhi terrei e la voce stridula. È sconvolta e in preda a un attacco isterico. I suoi abiti a lutto e gli occhi arrossati dell'uomo che l'accompagna fanno pensare che i due stiano tornando da un funerale.

– Ma io non ti lascio andare. No! – prosegue la donna. – Non dopo quello che è stato fatto al mio povero Moses. Dove hai la cintura con l'esplosivo, eh? Dove la nascondi? Sotto la maglietta? Falla vedere!

Il terrore s'impossessa di Alì: lui non ha nessun esplosivo, ma è un arabo. Ed è entrato in Gerusalemme senza permesso. Se la polizia facesse un controllo verrebbe subito scoperto e arrestato.

– Signora si calmi! Che dice? – interviene Jonathan, tentando di calmarla. – Questo è mio cugino Abram. Abita con me. Non lo ha mai visto? Passiamo sempre di qui...

– Anche il mio Moses passava di qui per andare a scuola. Prendeva l'autobus regolarmente. Finché uno di quei mostri non lo ha fatto esplodere, uccidendolo. – La donna fissa nuovamente Alì e urla: – Sì! Me lo avete ucciso! Maledetti! Maledetti!

Alì continua ad avere paura. Ma freme di indignazione ogni volta che la donna lo accusa e lo insulta.

– Cara, cara – cerca di calmarla il marito, abbracciandola. Lei però si svincola con rabbia e continua a urlare:

– Guardalo! Guardalo! È lui che ha ammazzato nostro figlio!

– No, no. Lascia stare questi ragazzi! Non vedi che li stai spaventando? Lasciali in pace. Vieni, andiamo a casa.

La gente, che in un primo momento si era allontanata, ora fa capannello attorno a loro. La donna sembra accorgersene all'improvviso. La guarda smarrita e scoppia a piangere. Singhiozza violentemente e cerca di nascondere il volto sul petto del marito.

Alcuni passanti si offrono di aiutare i due poveretti, altri mormorano parole di conforto. Fra le voci si distingue quella forte di un giovane soldato:

– Dovreste vedere come cadono le loro case sotto i nostri bulldozer!

– Ora, con il muro, non potranno più colpirci. Stiano là, separati dal resto del mondo – aggiunge qualcuno dei presenti.

Nella confusione, Jonathan afferra Alì e Cristina spingendoli lontano da lì. Corrono a perdifiato, cambiando più volte direzione. È una corsa che serve a sfogare la loro paura e a liberare la loro angoscia. Poi si fermano tutti e tre con il fiatone.

– Che paura! – esordisce Cristina.

– Abbiamo rischiato grosso! – afferma Jonathan, guardando indietro per controllare se qualcuno li abbia seguiti.

Alì resta in silenzio. È confuso. Gli risuonano nella mente le parole terribili di quella donna. Si sente ferito e profondamente offeso. Ora che il pericolo reale è lontano, si rimprovera di non aver difeso, in qualche modo, l'onore della Palestina.

– Quella donna deve avere appena sepolto il figlio. Ora piange, gridando i suoi lamenti al cielo – osserva Cristina.

– Anche noi piangiamo i nostri morti – risponde risentito Alì.

– Mi dispiace per quello che è successo. Ma quella donna era sconvolta. Cerca di capire, Alì – interviene Jonathan.

– Mi ha detto delle cose terribili! E quel soldato! Con quanto orgoglio si gloriava delle barbarie inflitte a noi Palestinesi, alle nostre case distrutte. Ma io non lo tollero! Io difenderò il mio popolo e la nostra causa fino al martirio!

– La violenza chiama altra violenza. Ricordalo sempre Alì – cerca di farlo ragionare Jonathan.

– Ed è difficile, poi, ricordare chi ha iniziato per primo – aggiunge Cristina.

Ma Alì non li ascolta. È indignato. Non riesce a calmarsi.

– Non ci sarà mai la pace! – esclama. – Vogliono la nostra terra. Avete sentito cosa hanno detto del muro? Ma la terra è nostra! È nostra!

– Anch'io non so cosa pensare del muro di Sharon.

– Lo so, Cristina – dice Jonathan. – Del resto, in tutta Europa, e anche qui in Israele, ci sono polemiche roventi su questa iniziativa. Quella di costruire una barriera costituita da reti e muri per separare fisicamente Israele dalla Palestina, barriera che poi isola o divide interi villaggi palestinesi, è un'idea non condivisa da molti.

– Mio padre si è rattristato molto il giorno in cui ha fatto il primo servizio giornalistico sul muro. Ha detto che dopo la caduta del muro di Berlino, mai avrebbe pensato che, da qualche parte, sarebbe stato eretto un altro muro per separare esseri umani da altri esseri umani.

– Certo Sharon usa degli argomenti che sembrano validi – riprende Jonathan. – Dice che il muro è necessario per fermare i kamikaze che seminano morte. Ma il fatto grave, comunque, è appunto che il tracciato del muro non rispetta il confine fra Israele e Palestina, ma include molti territori palestinesi. Inoltre, pare che ci sia l'intenzione di proteggere con il muro anche il confine sul Giordano, circondando così l'intera Palestina.

– Ecco! Vogliono chiuderci in un recinto, come se fossimo bestie! – esclama Alì. – In una prigione a cielo aperto. Per costruire il muro, distruggono i nostri campi, sradicano i nostri ulivi. E noi di cosa vivremo? In Palestina non c'è lavoro.

I tre amici riprendono il cammino e si muovono lentamente sul marciapiede, senza una meta precisa.

– Volete che vi lasci un po' soli? – se ne esce inaspettatamente Joanthan, con un sorrisetto malizioso.

– No, no – si affrettano a dire all'unisono Cristina e Alì, imbarazzatissimi.

– L'altra sera in un canale satellitare della Tv ho visto un'intervista fatta a uno dei nostri soldati – riprende Jonathan. – Era un ragazzo che confessava al giornalista tutto il suo disagio per i raid compiuti in Palestina.

– Davvero? – interviene Alì sforzandosi di non apparire sarcastico.

– Sì. Era un ragazzo giovane, poco più grande di noi. Che ha ammesso di non poterne più di fare l'aguzzino. Di entrare nelle vostre case piene solo di vecchi, di donne e di bambini. Di urlare in arabo "tutti a terra!", di irrompere nelle cucine e di buttare tutto all'aria. Pentole, farina, zucchero... Per controllare che non ci siano dentro una pistola, un'arma qualunque.

– È proprio quello che fanno. E poi noi si vive di carità, per avere altra farina e altro zucchero – commenta Alì.

– Il soldato diceva anche che, spesso, gli capitava di piangere in silenzio pensando all'umiliazione delle donne arabe, all'odio che legge negli occhi dei bambini, impotenti osservatori di questo sfacelo. E aggiungeva anche che, se continuava a fare queste cose, era per non apparire un traditore agli occhi dei suoi compagni. Ma che, prima o poi, si rifiuterà di obbedire a questi ordini, anche se ciò dovesse significare la prigione. È il governo che li obbliga. Secondo lui molti suoi compagni sono nelle sue stesse condizioni.

– Quando arrivano da noi sembrano tanti automi – bisbiglia con dolore Alì.

– Come i kamikaze – commenta Cristina.

– Una volta, dopo un attentato, il padre del ragazzo che si era ucciso ha diffuso dei volantini... Che in breve sono spariti – racconta Alì.

– A chi erano diretti? – domanda Jonathan.

– Ai leader palestinesi, civili e religiosi, che con le loro dichiarazioni invitano i giovani a votarsi alla morte. Quando è evidente che questo non scoraggia il nemico, né libera la nostra terra. In quei volantini, quel padre chiedeva perché nessuno di questi leader ha mai mandato suo figlio a morire.

– Diceva cose giuste – osserva Cristina.

– Correte ragazzi! Sta arrivando l'autobus – li richiama Jonathan, interrompendo un discorso che Cristina intende riprendere alla prima occasione.

Sull'autobus, abbastanza affollato, pare che tutti si scrutino. Con circospezione Cristina si siede accanto a una signora in avanzato stato di gravidanza. Un atroce dubbio la coglie all'improvviso. "Ma potrebbe anche essere una terrorista, con qualche arma che gli gonfia il grembo" pensa.

Alì e Jonathan si siedono accanto a un uomo avvolto in una palandrana lunga e nera.

– Potrebbe essere un kamikaze – sussurra Jonathan ad Alì.

– Non devi dirmi queste cose. Mi ferisci.

– Tranquillizzati, Alì. Non può essere un terrorista. Sta leggendo la preghiera dei viaggi. Ha paura. È un ultraortodosso. Vedi come trema?

L'autobus percorre le vie della Città Santa in una luce quasi palpabile. La famosa luce di Gerusalemme.

Alì, seduto accanto al finestrino, è attratto dal candore delle case sparpagliate sui versanti delle colline, fra il grigio degli ulivi e il verde dei pini. Più in là, dopo la Città vecchia, ecco una sfilata di palazzi lussuosi e modernissimi. Poi ancora, oltre la cittadella, fra i tetti piatti, i puntali, i minareti e le cupole, Alì riesce a scorgere anche il Santo Sepolcro che gli indica Cristina, la quale ha lasciato il suo posto e ora gli è seduta accanto.

Più lontano, il Monte Sion si staglia sull'azzurro uniforme del cielo, con la Chiesa alta, eretta sul luogo del Cenacolo dove Gesù celebrò la Pasqua.

– Alì, vedi quel bellissimo albergo? – gli indica Cristina. – È il *David King*.

– Sì. È lì che ci aspettano i tuoi genitori?

– No. Loro ci aspettano a casa.

– Allora?

– Allora, c'è una piscina. E fra la piscina e le mura della Città vecchia c'è l'antica geènna, la "Valle della Strage", come l'aveva soprannominata il profeta Geremia. Era lì che, un tempo, i cananei, adoratori di Molock, sacrificavano i bambini.

– I bambini continuano a essere sacrificati anche oggi. Se non per adorare quel Molock, che dici tu, certamente a causa di questa interminabile guerra – osserva Alì.

– E chissà quando i bambini di oggi, ebrei o arabi, potranno giocare insieme senza conoscere la guerra – commenta Jonathan.

– Ma dove abiti? È un'ora che siamo in autobus – domanda Alì, un po' preoccupato.

– Sì, ma non stiamo andando a casa. Stiamo facendo un giro turistico... sperando sempre che i kamikaze ce lo lascino fare.

– Ma ora dove ci troviamo?

– A nord di Gerusalemme. Vedi? Quello sulla sinistra è il Monte Scopus. Si vedono benissimo anche le colline di Giudea e le montagne di Ebron.

– Scendiamo qui. C'è un posto sopraelevato dove possiamo fermarci, bere qualcosa e goderci Gerusalemme dall'alto. D'accordo?

– Sì, Jonathan. Buona idea.

Poco dopo, i tre ragazzi raggiungono un piccolo caffè, situato su una terrazza da dove si domina un paesaggio mozzafiato.

– Ecco, questo è il quartiere armeno – dice Jonathan.

– Una bella vista. Non c'è che dire – ammette Alì.

– Da qui si vede benissimo la spianata dove si trova la famosa Moschea Al-Aqsa, addossata al Monte Morìa, con il Muro del Pianto, che rappresenta l'attrattiva principale per i turisti.

– Di certo non riuscirà mai a raccogliere le mie lacrime – mormora Alì.

– Lì finora non è accaduto ciò che invece è successo nella grande moschea di Roma quando, qualche anno fa, è stata inaugurata.

– Ci sono state delle proteste? – domanda Alì preoccupato.

– No. Assolutamente no – risponde Cristina. – Solo che, al momento della preghiera collettiva, un importante *Imam,* di cui non ricordo il nome, invocò Allah così:

"O Allah, fai trionfare i combattenti islamici in Palestina e negli altri paesi del mondo!

O Allah, distruggi le case dei nemici dell'Islam!

O Allah, aiutaci ad annientare i nemici dell'Islam!

O Allah, assicura ovunque la vittoria della nazione dell'Islam".

– L'hai imparata a memoria questa invocazione! Quasi fossi una dei nostri – la provoca Alì.

– Per forza. Mio padre lo intervistò contestandogli la veemenza e la cattiveria con cui si era scagliato contro tutti. E sai cosa gli rispose?

– Lo immagino. Che tutte le operazioni dei guerriglieri contro gli Ebrei in Palestina sono più che legittime.

– Proprio così. Anzi disse "sono azioni di martirio, e chi le compie diventa martire dell'Islam. E tutta la Palestina è un territorio di guerra. Perché tutta la società ebrea occupa illegalmente la nostra terra".

– E non poteva dire che questo, perché è la verità – risponde Alì.

– Vedi Alì... mio padre dice che quell'episodio è un brutto segnale, un pericoloso segnale.

– Perché? Non mi sembra proprio.

– Invece è proprio così, perché vuol dire che se in una moschea si esalta così pubblicamente il martirio, si incita a commettere azioni terroristiche.

Il cellulare di Jonathan vibra. C'è un messaggio di Miriam:

"Roma non è più così bella senza di te. Lucia e Annalisa questa mattina ti hanno scritto una lunga lettera. Tutte e due hanno preso una bella cotta. Tu chi preferisci?"

Immediata la risposta di Jonathan:

"E me lo domandi? Preferisco te!"

Scheda di verifica

🕮 IL TESTO

1. *Rispondi alle domande.*

– Dove avviene l'incontro fra Alì, Cristina e Jonathan? ....

....

– Perché Alì elude la domanda di Jonathan, quando il ragazzo gli chiede quale stratagemma ha adottato per entrare senza problemi in Gerusalemme? ....

....

– Che cosa racconta Cristina della sua mamma, quando Alì gliene chiede notizie? ....

....

– Che cosa succede ai tre ragazzi mentre passeggiano per la strada?

....

....

– Quale bugia s'inventa Jonathan per distogliere l'attenzione della donna da Alì? ....

– Di che cosa si vanta un giovane soldato che ha seguito la scena?

....

– Che cosa dichiara Alì, una volta che si sono allontanati dal posto?

....

– A che cosa serve il muro che Sharon ha fatto costruire? ....

....

– Che cosa dice di aver visto in televisione Jonathan? ....

....

– Qual è stato il commento finale del soldato intervistato?

– A chi erano diretti i volantini diffusi dal padre di un ragazzo palestinese morto dopo aver provocato un attentato?

– Che cosa succede quando i ragazzi salgono sull'autobus?

– Dove suggerisce di fermarsi Jonathan?

– Di chi è il messaggio che Jonathan riceve sul cellulare?

I PERSONAGGI

2. *Descrivi lo stato d'animo o il comportamento di Alì, nelle situazioni che ti proponiamo.*

– Appena si trova in territorio nemico

– Quando Jonathan gli chiede come ha fatto a passare il confine

– Quando Cristina gli parla del *sabbath*, spiegando che il rito è un'invocazione alla vita

– Quando una donna lo ferma per la strada e lo accusa di non essere un ebreo

– Quando ripensa alle parole del soldato israeliano, che si vantava delle barbarie inflitte ai Palestinesi

– Quando si parla del muro di Sharon ....

....

– Quando commenta che, durante una rappresaglia israeliana, i soldati gli sembrano tanti automi ....

....

I LUOGHI E L'AMBIENTE

3. *Il muro di Sharon ha provocato roventi polemiche su questa iniziativa. Scrivi nella tabella le ragioni che hanno indotto Sharon a questa scelta e le motivazioni di chi invece è contrario alla costruzione del muro.*

Ragioni di Sharon	Motivazioni contrarie
....	....
....	....
....	....
....	....
....	....
....	....
....	....

LA PRODUZIONE

– Alì racconta che il padre di un ragazzo palestinese, morto in seguito a un attentato da lui stesso provocato, aveva poi diffuso dei volantini diretti "ai leader palestinesi, civili e religiosi, che con le loro dichiarazioni invitano i giovani a votarsi alla morte...".
Insieme con i tuoi compagni di classe, provate a scrivere lo stesso volantino, diretto alle stesse persone, in cui ribadite... Che cosa?

– Immagina che Alì, in seguito all'aggressione subita dalla donna che lo ha accusato per strada, sia stato scoperto. Che cosa gli sarebbe capitato? In che modo Cristina e Jonathan sarebbero stati coinvolti? Quali conseguenze avrebbe subìto la loro amicizia?

Capitolo 19

Una famiglia accogliente

– Ho una fame... – sospira Alì. Il lungo elenco di leccornie descritte da Cristina durante il tragitto fino a casa ha raddoppiato il suo appetito.

– Alì, non mi svenire... siamo arrivati!

Appena aperta la porta di casa, una bellissima signora accoglie Alì con un abbraccio.

– *Shalom.* La pace sia con te.

– Mamma, lui è Alì. L'amico di cui ti ho parlato. È musulmano. Ma oggi festeggia con noi la Pasqua cristiana.

– Sono contenta – dice la signora Sara. – È una fratellanza... Come dire... cosmica.

Alì la guarda stupito e meravigliato. "Fratellanza cosmica... Mi piace questa parola" pensa. "Come sarebbe bella la vita, e come sarebbe bello il futuro, senza bombardamenti e kamikaze, senza agguati e rappresaglie, e senza Hussan, che predica solo odio e vendetta".

– Venite pure a tavola, ragazzi. È già pronto – dice la signora Sara, mentre il signor Riccardo va incontro ad Alì e si presenta con uno smagliante sorriso.

I rintocchi delle campane lanciano il loro suono di pace. Attentati, sparatorie, missili... Tutto sembra cancellato dalla memoria che evoca la resurrezione di Cristo.

– Ragazzi, oggi, se vi va, vi accompagnerò al King George Street, la strada dei negozi – annuncia la signora Sara.

– Ma allora, mamma, facciamogli vedere anche Rahania, con tutte le case di calcare rosa.

– A questo punto bisogna fargli vedere la parte di Talpiot, che è bellissima, con tutte le ville circondate da fiori.

– Un bell'itinerario davvero! Ma la Città vecchia, dove la mettiamo? – interviene il signor Riccardo, che ha realizzato un bellissimo reportage proprio su quel quartiere.

– Papà, quella ormai è una reliquia del passato. È un quadrilatero circondato da un muro.

"Un altro muro", pensa Alì. "Come sarebbe bello se non ci fosse il muro di Sharon..."

– Già. Chissà poi il perché di quel muro – osserva Jonathan.

– Forse perché tutte le memorie si scontrino fra quelle mura – commenta la signora Sara.

– Hai ragione – dice il signor Riccardo. – Sai, mi fa pensare a un'arena romana.

– Al Colosseo, papà.

– Già, al Colosseo. Con la differenza che i gladiatori di oggi si uccidono sotto lo sguardo impaurito del mondo intero.

– Mamma, perché hai detto che le memorie si scontrano? Mi hai sempre detto che la memoria dei popoli è il cemento dell'umanità.

– È vero. Ma i popoli hanno forgiato la propria memoria nello scontro e spesso, troppo spesso, nell'odio verso altri popoli. Guarda noi Ebrei...

Alì si convince che non può intervenire. Non è abbastanza colto per partecipare a quella conversazione.

– Noi Ebrei – continua la signora Sara – ricordiamo la distruzione di Nabucòdonosor nel 587, prima dell'era cristiana e del conseguente esilio in Babilonia.

– E dopo l'esilio in Babilonia cosa successe?

– Dopo l'esilio in Babilonia, ci fu la distruzione del secondo tempio.

– Per mano di Tito, nel '70 avanti Cristo. Questo lo so anch'io – dice Jonathan.

– Allora, a questo punto, è bene ricordare l'espulsione degli spagnoli nel 1492, la reclusione nei ghetti... – aggiunge Cristina.

– Ecco. Ora, provate a condividere questa memoria con gli altri – conclude la signora Sara.

– Tutto si dovrebbe condividere: il pane, la casa, la terra e persino il paese – osa affermare Alì.

– Solo una cosa non si può condividere – dice Cristina.

– Non riesco a immaginare cosa...

– Il sogno. In effetti, sognamo ciò che ci manca.

– Brava Cristina. Complimenti.

– No papà, non è mio il concetto. L'ho letto da qualche parte.

– In effetti, è proprio così. Il sogno di Gerusalemme alimenta la fede in Gerusalemme.

– Zio, scusa, ma allora, il giudaismo dov'è nato? – chiede Jonathan, mentre Alì, avido di conoscere, non perde una parola.

– In Mesopotamia risponde l'uomo. Lì, il giudaismo sognava il paese di Canaan, la "Terra promessa", cioè Gerusalemme.

– E l'Islam?

– L'Islam, caro Alì, è nato nel deserto d'Arabia. Sognava anch'esso Gerusalemme.

– E allora il Cristianesimo? Dov'è nato?

– Cristina, dovresti saperlo. Così come è scritto nei Vangeli, è nato a Gerusalemme.

– La Via Crucis e le 14 stazioni della Via Dolorosa, ne sono la testimonianza.

– Papà, ma allora gli Ebrei sognano la pace che non sanno applicare. Ignorano il rispetto, la fratellanza. E sognano il futuro scavando nelle ombre del passato?

– Sì, ma non sognano di condividere i sogni degli altri.

– Eppure, ripetiamo sempre che i popoli combattono per la terra, per il loro spazio, per imporre il loro Dio.

– È vero, ma sono guerre che finiscono sempre per trovare una soluzione, un compromesso.

– In fondo – interviene la signora Sara – pensateci bene, la guerra che lacera Israele e tutto il Medio Oriente, non è altro che la realtà quotidiana di due sogni che si contendono la stessa fonte.

Con la bocca socchiusa, gli occhi spalancati e l'attenzione concentrata su un racconto che gli sembra assurdo, Alì prende il fiato e il coraggio per dire:

– Non avevo mai pensato a Gerusalemme sotto questo aspetto.

– E di questo Gerusalemme ne soffre. Ne soffre fino al martirio, per non potere esaudire tutti i sogni di ebrei, musulmani e cristiani. Quei desideri di idealismo e di purezza che noi, adulti di oggi, non siamo in grado di condividere – sospira la mamma di Cristina.

All'improvviso un'esplosione e delle urla si sentono provenire dalla strada. Si affacciano e fanno appena in tempo a vedere una ragazza che, tenendosi stretta al petto qualcosa di indefinibile, si lancia in mezzo alla folla per una seconda esplosione.

– Oh, mio Dio! – esclama la signora Sara.

Le sirene d'allarme si confondono con quelle delle ambulanze.

– Mamma, ci sono dei morti, dei feriti! Dio, Dio, Dio mio, aiutaci tu!

– Gli abitanti di Gerusalemme sono i più vicini ad Allah. È compito di Allah far sì che non ci si scagli contro di loro – mormora come in una preghiera Alì.

– Che Allah ti ascolti – sospira Cristina. – Abbiamo bisogno di fermare, a tutti i costi, questo conflitto.

– Tra noi sono sempre più numerosi i ragazzi e le ragazze disposti a morire per Allah. Vedi, Cristina, quando si capisce che non c'è più niente da perdere, davvero più niente, è facile scegliere il peggio. Anzi, lo si fa con gioia. Io continuo a credere in uno stato palestinese. Credo alla vita della Palestina, sempre che Israele non arrivi a sterminarci tutti.

La tragica affermazione di Alì intristisce ancora di più Cristina.

– Devo andare, ora – annuncia Alì, a testa bassa.

– Non puoi tornare a casa. È troppo pericoloso – si preoccupa il signor Riccardo. – Dopo un attentato si centuplicano soldati e posti di blocco.

– Devo andare – ripete Alì.

– Non puoi farti sparare addosso dagli Israeliani! – interviene anche Jonathan.

– Non accadrà.

– Aspetta! – Cristina sente il bisogno di dire qualcosa. – Non è colpa tua, Alì. Non devi sentirti in colpa.

Fuori il vento si leva all'improvviso, quasi a cancellare le follie dell'uomo, a trasferire da una parte all'altra del cielo le nubi, sotto le quali tanti ragazzi, tanti uomini non ci sono più.

Alì non può più trattenersi. Ringrazia la famiglia di Cristina per l'accoglienza ricevuta. Poi apre la porta di casa e si precipita per le scale.

Prima che i suoi genitori possano impedirglielo, Cristina è già corsa dietro di lui urlando: – Alì, aspetta!

– Siamo in guerra. Devo tornare a casa dalla mia gente. È stato bellissimo oggi con i tuoi, mi hanno fatto dimenticare l'incidente della mattina.

– Promettimi che non farai sciocchezze.

– Sì... No... Non lo so! Quando penso a Karim, al suo desiderio di essere ricordato un giorno come un martire... Mi sembra tutto sbagliato. Penso che non sia giusto uccidere e neanche sacrificare la propria vita. Nemmeno quando ci sono motivi gravi, come quelli che abbiamo noi. Ma ci sono anche giorni in cui, se penso a me stesso... La possibilità di... di farmi esplodere da qualche parte... Mi sembra quasi desiderabile.

– Non dire queste cose!

– Ma non vedi che non c'è futuro? Ogni giorno vivo nel terrore di una nuova tragedia... Io non posso pensare di continuare a vivere in questo modo.

– Ma è lo stesso anche per noi, Alì.

– Allora puoi capire quale sollievo sarebbe svegliarsi una mattina con la certezza che sarà l'ultima. Avere la consapevolezza che quella sarà l'alba del giorno in cui, finalmente, tutta la tua vita, tutta la sofferenza provata fino a quel momento acquisteranno un senso.

– Non voglio neanche pensarci.

– E invece pensa come può essere bello, per alcuni, poter camminare per le strade per l'ultima volta. Guardare tutto con distacco. Provare la sensazione incredibile di poter fare giustizia. Di distruggere con un tuo gesto le cose che odi e che pensi ti facciano del male. Di rinunciare alla vita in cambio di un bene maggiore, infinitamente più grande. Questi devono essere i sentimenti di un kamikaze.

– Fare giustizia non è dell'uomo. Ma di Dio. Semmai, noi dobbiamo sforzarci di essere giusti. E chi si fa saltare in aria per uccidere persone innocenti non lo è.

– In questo conflitto nessuno è innocente. È Allah a guidare il volere di un kamikaze.

– Come mai, allora, hanno adottato un termine che non ha nulla di arabo? – replica Cristina. – I kamikaze erano soldati giapponesi che, con i loro aerei, andavano a schiantarsi sulle navi americane per distruggerle.

– Anche loro obbedivano a Dio. Anche loro lottavano contro il nostro stesso nemico.

– No. Loro erano soldati in divisa che attaccavano altri soldati. E agivano con il sole alle spalle per non essere visti. Arrivavano in pieno giorno, senza inganni. Non colpivano i civili. Erano soldato contro soldati.

– Tutti i Palestinesi sono soldati! I nostri kamikaze sono martiri, che difendono con la vita una terra sacra ad Allah il Misericordioso. Dio lo vuole.

– Alì, io ti voglio bene, e credo... mi sforzo di capirti. Quella sera, la prima volta che ci siamo parlati al cellulare, io ho pensato molto a quello che ci siamo detti. Non credere che non capisca. L'idea del martirio per difendere la propria fede e la propria terra...

– Anche voi cristiani avete avuto i vostri martiri. Che poi sono diventati santi. I nostri martiri sono santi almeno quanto i vostri, anche perché, immolandosi, colpiscono il nemico.

– No, Alì – ribatte Cristina con decisione. Poi, in tono più calmo, riprende: – I nostri martiri non sono come i vostri. Di questo sono certa. Hai mai visto il *San Sebastiano* di Guido Reni?

– Chi è?

– Sto parlando di un quadro. Rappresenta un martire cristiano, Sebastiano, un soldato che venne ucciso per aver professato la fede cristiana e per essere riuscito a convertire molti magistrati e ufficiali dell'esercito. Ieri stavo sfogliando un libro di storia dell'arte e ho visto quel dipinto. Il ragazzo raffigurato ha qualcosa che mi ricorda te.

– Che c'entro io?

– San Sebastiano ti somiglia molto. Lui fu condannato a morte mediante il supplizio delle frecce. I suoi stessi commilitoni lo portarono fuori della città, lo legarono a un albero e lo bersagliarono di frecce. Il quadro lo rappresenta così, con le frecce piantate nel corpo. Dovresti vederlo quel quadro. Dovresti vedere la dolcezza infinita con cui San Sebastiano alza il suo ultimo sguardo verso il cielo, mentre sta morendo, umiliato dai suoi stessi compagni... Il dolore deve essere tanto, ma lui pensa solo a Nostro Signore.

– Anche i nostri kamikaze soffrono. E anche loro si immolano per la gloria di Allah.

– Ma San Sebastiano non uccide altre persone, Alì! Non fa del male a nessuno. Sono i suoi nemici a usargli violenza. Quindi, Alì, non azzardarti mai più a paragonare i tuoi martiri a quelli cristiani. Sono diversi. Non si somigliano nemmeno un po'. I martiri cristiani non cercavano la morte. Non erano suicidi. Erano persone normali che santificavano il mondo con il loro esempio. Non si ergevano a giustizieri, nemmeno dei loro stessi carnefici. Donavano la loro vita senza sentire il desiderio di distruggere con le loro mani le vite altrui.

– Se vivessero in Palestina, oggi, non sarebbe così.

– Pensala come vuoi, Alì. Ma io ti dico che c'è differenza tra l'offrire a Dio il bene più prezioso che si possiede, la vita, e togliere ad altri quello stesso, preziosissimo bene. Pur offrendo in cambio la propria vita.

Alì tace. Gli occhi sono fissi a terra.

Cristina, stupita a sua volta per la forza con cui ha sostenuto le proprie idee, non ha il coraggio di guardarlo.

Poi, dopo un attimo, i due ragazzi si voltano l'uno verso l'altro e si abbracciano come fratelli.

Scheda di verifica

🕮 IL TESTO

1. *Con l'aiuto dei termini sottoelencati, ricostruisci sinteticamente il capitolo che hai appena letto.*

Alì - casa - Sara - abbraccio - tavola - campane - pace - Riccardo itinerario - Città vecchia - Colosseo - conversazione - Cristina esplosione - urla - strada - allarme - tornare - pericoloso - Jonathan porta - discussione - kamikaze - santi - martiri - ragazzi

....
....
....
....
....
....
....
....
....
....
....
....
....
....
....
....
....

I PERSONAGGI

2. *In rapporto alle situazioni che si susseguono nel capitolo, attribuisci a ciascuno dei personaggi sottoelencati gli aggettivi che gli si addicono, scegliendoli tra quelli che ti suggeriamo (puoi usare lo stesso aggettivo per più di un personaggio).*

adirato - affabile - affannato - affettuoso - ansioso - attento colto - comprensivo - confuso - coraggioso - cordiale - curioso determinato - disponibile - imprudente - ospitale - premuroso preoccupato - rassegnato - riconoscente - saggio - scorato simpatico - sognatore - speranzoso - stupito - timido - triste

ALÌ ....

CRISTINA ....

JONATHAN ....

RICCARDO ....

SARA ....

LA PRODUZIONE

– La famiglia di Cristina accoglie Alì con cordialità e con calore. E, anche se i due popoli hanno culture e religioni diverse, Alì si ritrova a festeggiare con loro la Pasqua cristiana.
Ma una nuova strage spezza quell'incantesimo ricco di speranza e di serenità e riporta Alì nei suoi tormentati pensieri di guerra e di distruzione. Il ragazzo saluta in fretta i suoi ospiti e fugge via.
Perché Alì agisce così? Che cosa avresti fatto al suo posto?

– "*E invece pensa come può essere bello, per alcuni, poter camminare per le strade per l'ultima volta. (...) Provare la sensazione incredibile di poter fare giustizia. Di distruggere con un tuo gesto le cose che odi e che pensi ti facciano del male*".
"*Fare giustizia non è dell'uomo. Ma di Dio. Semmai, noi dobbiamo sforzarci di essere giusti. E chi si fa saltare in aria per uccidere persone innocenti non lo è*".
Immagina di partecipare a questo dialogo fra Alì e Cristina. Con quali parole interverresti nella conversazione?

Capitolo 20

In mezzo alla bufera

L'aria è lacerata dagli ululati delle sirene e dai clacson che sembrano impazziti. Agli incroci i poliziotti cercano di deviare il traffico. Le ambulanze riescono a stento a raggiungere la piazza. Infermieri e barellieri si attivano per tanti, tantissimi corpi insanguinati. Più di trenta morti e almeno un centinaio di feriti. Un massacro!

Alì si ritrova nella confusione di una città che reagisce con sbigottimento, con paura e con un'organizzazione che le deriva da una triste consuetudine agli attentati. Purtroppo, le scene di violenza sono frequenti in Palestina, e per Alì non costituiscono certo una novità. Ma questa volta è diverso.

Il kamikaze si fa scoppiare in mezzo alla folla, e un attimo dopo è tutto finito. I giubbotti con l'esplosivo vengono imbottiti di chiodi, bulloni e pezzi di metallo che, con la forza dell'esplosione, si trasformano in altrettanti proiettili, così da colpire il maggior numero di persone.

L'odore dolciastro del sangue ammorba l'aria. La gente piange e impreca. Molti si accasciano al suolo, in preda alla disperazione. Altri cercano di soccorrere i feriti.

Per un attimo Alì vede in quei corpi inermi, in quei feriti e in tutto quel sangue solo il nemico, i nemici della Palestina. Per un attimo il suo pensiero va al padre, a Wahid... e non può fare a meno di provare un sentimento di vendetta. Ma, subito dopo, è sopraffatto dalla compassione. Gli basta osservare la gente in lacrime per riconoscere in quel dolore il suo dolore. Subito dopo è preso dal desiderio impellente di rientrare a casa. Non può più indugiare.

– Ragazzo, sei ferito? – gli chiede un infermiere passandogli accanto.

Alì fa segno di no con la testa.

– Allora vieni, aiutami – dice l'infermiere, consegnandogli una flebo e facendo segno di tenerla alta mentre lui infila l'ago nel braccio di un ferito. Il suono delle sirene continua a lacerare l'aria, e il dialogo fra l'uomo e Alì, per fortuna del ragazzo, si svolge a gesti. Alì capisce l'ebraico, ma se tentasse di parlarlo la sua pronuncia lo smaschererebbe.

Il volto dell'uomo cui stanno praticando la flebo è coperto di sangue, che cola da una ferita sulla fronte. L'infermiere guarda Alì e dice:

– Non è una ferita profonda, per fortuna. È sotto shock, ma quello passa. Puoi stare qui un momento?

Alì annuisce e resta lì finché l'infermiere non torna con un paio di barellieri, che trasportano poi il ferito fino a un'autoambulanza. Alì fa per andarsene, ma l'infermiere lo blocca, afferrandolo per una spalla.

– Non vorrai mica andartene? C'è bisogno di aiuto qui.

E così Alì si ritrova a fare da assistente all'infermiere, a soccorrere quelle stesse persone che, da sempre, ha considerato solo suoi nemici.

Sta aiutando dei barellieri quando, in mezzo alla folla che si accalca dietro alle transenne prontamente erette dalla polizia, scorge due volti conosciuti.

Hussan e Karim stanno osservando la scena, probabilmente per verificare la buona riuscita dell'attentato.

Alì cerca di non farsi scorgere e di allontanarsi subito, ma l'infermiere, che ormai sembra diventato il suo capo, lo richiama ancora una volta.

Alì tiene il capo abbassato, attento sempre a voltare le spalle a suo fratello e a Hussan. Ma il terrore che i due possano scorgerlo lo tiene in costante tensione. Comincia a sudare copiosamente.

– Che c'è? Stai male? Sei stanco? – chiede premuroso l'infermiere.

Alì sprofonda nel panico. Dovrà pure dire qualcosa. Ma sa che se parla verrà scoperto. E se verrà scoperto l'infermiere lo consegnerà alla polizia, che, riconoscendo in lui un clandestino, lo arresterà immediatamente. Sempre che non gli vada peggio: la folla, scoprendo un palestinese proprio sul luogo dell'attentato, potrebbe linciarlo.

– Cugino, ma che ci fai qui? La zia è preoccupatissima. Corri subito a casa e falle vedere che sei sano e salvo.

Come per miracolo, Jonathan si è materializzato al fianco di Alì. Anche lui è uscito di casa per collaborare ai soccorsi.

– Guarda che tua madre è molto preoccupata – riprende Jonathan. Poi, rivolto all'infermiere: – La zia lo aspettava a casa mia, quando abbiamo sentito dell'attentato. Sarà meglio andare.

– Ma qui c'è bisogno di aiuto – replica l'infermiere.

– Torniamo subito. Il tempo di andare a casa e tranquillizzare sua madre. Sa, la zia è malata di cuore...

Ed è così che i due ragazzi possono finalmente allontanarsi dalla scena dell'attentato.

– Non so come ringraziarti, Jonathan – dice Alì, tirando un sospiro di sollievo.

– Certo, se ti avessero scoperto avresti passato dei guai seri.

– Già. Ora devo assolutamente rientrare a casa.

Alì pensa a Hussan: se si è accorto che lui era lì potrebbe tentare qualche brutto scherzo ai danni della sua famiglia.

– È un bel problema – commenta Jonathan. – A quest'ora avranno ormai chiuso ogni valico con la Palestina. E se ti controllano...

– Ci... ci sono dei passaggi...

– Magari lo stesso da cui è passato il kamikaze che ha combinato tutto questo – dice Jonathan. Poi aggiunge: – Sappiamo bene entrambi, Alì, che, se c'è un passaggio segreto, andrebbe subito denunciato.

Alì tace.

– Ma è anche vero che, se lo denunciamo, tu non potrai più venire a trovarci.

Alì si lascia sfuggire un gesto di stizza.

– È sempre tutto così complicato!

– Senti, ci penseremo in un altro momento. Ora torna a casa. Ti accompagno. Ma tu non dirmi dov'è il passaggio, ti lascerò nelle vicinanze.

– Perché fai tutto questo per me, Jonathan?

– Perché siamo amici, no? È arrivata una e-mail della Terza C, è indirizzata anche a te. Eccola, ne ho fatto una copia. Leggerla ti farà rivivere i momenti sereni trascorsi in Italia... e, forse, per qualche minuto riuscirai a dimenticare tutto questo.

Intanto sono già giunti nei pressi del passaggio segreto. Alì si ferma. Jonathan lo guarda.

– A presto, Alì. E stai attento.

L'odio e la sofferenza che pare traspirino, in quel momento, da ogni pietra di Gerusalemme si stemperano nell'abbraccio fraterno dei due amici.

Appena fuori del camminamento, ora che il pericolo è passato, Alì si accinge a leggere la stampata dell'e-mail che Jonathan gli ha consegnato.

E-mail per Cristina e Jonathan. Posta prioritaria per Alì.

Carissimi e indimenticabili amici. Qui seguiamo con apprensione tutto ciò che accade intorno a voi. A noi della Terza C non bastano più le scarne e labili notizie che Miriam, gelosissima dei suoi pensieri e, cotta e stracotta di Jonathan, ci dà a fatica.

È inutile dirvi che vorremmo avervi ancora qui per continuare a dimostrarvi tutto il nostro affetto: un sentimento che i tremila chilometri che ci separano non possono scalfire. Un affetto che si centuplica ogni giorno di più.

Abbiamo deciso che per il prossimo Natale, regaleremo ad Alì un computer. Così anche con lui le e-mail si sprecheranno.

Rievochiamo tutti con tristezza e con nostalgia, ma anche con qualche risatina, il momento del commiato. Quando il crocifisso di Cristina e la sveglietta di Pietro per Alì stavano per rendervi... pericolosi!

Le lacrime, contenute per molti, e lasciate libere per altri, ci hanno riportato a quei sette giorni trascorsi insieme.

È stata una settimana vissuta all'insegna della fratellanza. Una settimana ricca di sogni, di spensieratezza e di un unico, profondo desiderio di pace.

Insieme, per le strade di Roma e fra gli sguardi di benevolenza dei passanti, abbiamo cantato i nostri inni nazionali. Sembravamo reduci dalle Olimpiadi!

Abbiamo assistito ai cinque momenti di preghiera di Alì, commuovendoci per l'intensità della sua fede. Abbiamo condannato chi vi consegna alla guerra dimenticando la bellezza e l'importanza della nostra età, assassinando i vostri sogni.

Ora, tutti noi siamo più consapevoli, anche se testimoni apparentemente inermi, della vostra tragedia. E per questo vi ringraziamo. Perché ci avete insegnato a distinguere i veri problemi da quelli che si possono risolvere solo con un pizzico di giudizio.

Insieme abbiamo assaporato la dolcezza dell'amicizia. E insieme abbiamo scoperto che le nostre idee, le nostre opinioni non possono essere cambiate da chi vorrebbe plasmarci a propria immagine. Abbbiamo imparato a essere obiettivi.

Voi, da sempre, vivete nella paura, per una pace che non avete mai conosciuto. Siete nati e cresciuti con la guerra. Il pericolo vi accompagna anche nelle semplici azioni di ogni giorno, come pren-

dere un autobus, fare la spesa o andare al cinema. Non c'è libertà né per chi sta da una parte, né per chi sta dall'altra.

Insieme abbiamo scoperto che si può dialogare, senza rinunciare alle proprie origini, alla propria cultura, alla propria religione. Ai propri sogni. Noi giovani abbiamo bisogno di dialogare, per poter sognare insieme.

Noi, con voi, non possiamo accettare i muri, il filo spinato. Per noi, così come per voi, la salvezza è possibile solo se ci salviamo insieme. E allora, perché non invitare il mondo a scendere in piazza? Centinaia, migliaia, milioni di persone catapultate nelle strade di Israele, in quelle dei territori palestinesi, in quelle del mondo intero, per ribellarci tutti e urlare: "BASTA!".

Forse non tutta la Terza C ha condiviso in pieno le vostre idee o i vostri princìpi. Ma su una cosa ci siamo trovati tutti d'accordo, lo ricorderete certamente: condividere la speranza di vedervi gli uni accanto agli altri sotto un'unica insegna, una sola bandiera, quella della pace. Con il rifiuto totale della violenza, della ragione delle armi e con la consapevolezza che c'è una vita da costruire, non da distruggere!

L'incontro con voi, con il vostro mondo, con i vostri ideali, ha rafforzato il nostro desiderio di pace. Una pace che si può costruire lavorando insieme.

Oggi possiamo dire che per merito vostro ci sentiamo migliori.

Non vi dimenticheremo mai, mai, mai!

Un abbraccio da tutta la Terza C.

PACE! SHALOM! SALAM!

Scheda di verifica

IL TESTO

1. *Abbiamo elencato alla rinfusa gli episodi in cui si può suddividere il capitolo. Disponili nell'ordine cronologico seguito nella narrazione, numerandoli da 1 a 12.*

- [ ] Un infermiere chiede ad Alì di aiutarlo.
- [ ] Alì vorrebbe andarsene, ma l'infermiere gli chiede di restare e, mentre aiuta i barellieri, fra la folla scorge Hussan e Karim.
- [ ] Dovendo dare una risposta all'infermiere, Alì teme che, dalla sua pronuncia, l'uomo possa scoprire che non è Ebreo.
- [ ] Jonathan è preoccupato che Alì possa essere fermato per i controlli durante il tragitto di ritorno.
- [*1*] Alì si ritrova nella confusione generale, fra morti, feriti, gente che piange e impreca.
- [ ] Il ferito viene portato via da alcuni barellieri, che lo trasportano fino a un'autoambulanza.
- [ ] Alì tiene il capo abbassato per non farsi scorgere dal fratello e da Hussan. L'infermiere, accorgendosi della sua tensione, gli si avvicina premuroso.
- [ ] Jonathan interviene in aiuto di Alì e, con una scusa, i due riescono ad allontanarsi.
- [ ] Pur sapendo del passaggio segreto, Jonathan chiede ad Alì di non mostrargli dove si trova.
- [ ] Appena fuori del camminamento Alì legge la lettera della Terza C.
- [ ] Alì confessa che c'è un passaggio segreto e Jonathan gli ricorda che ne dovrebbe mettere al corrente le autorità israeliane.
- [ ] Jonathan consegna ad Alì la stampata di un'e-mail inviatagli dalla Terza C. Poi i due amici si salutano con un abbraccio.

I PERSONAGGI

JONATHAN

2. *In questo capitolo Jonathan assume comportamenti diversi; descrivili rispetto alle situazioni che ti proponiamo.*

– Quando si materializza al fianco di Alì durante le operazioni di soccorso ....

....

– Quando Alì dice di dover subito rientrare a casa ....

....

– Quando Alì gli confida che c'è un passaggio segreto ....

....

– Quando accompagna Alì e lo saluta ....

....

ALÌ

3. *Scegli tre situazioni del capitolo che ti hanno maggiormente colpito e, per ognuna di esse, descrivi la reazione di Alì.*

Situazione	Reazione
Quando	....
Quando	....
Quando	....

✍ LA PRODUZIONE

- Nell'osservare i corpi inermi, i feriti e tutto quel sangue, Alì cerca di convincersi che quelle vittime sono comunque e solo nemici. Per un attimo, pensando alle persone care che sono morte per questo conflitto che dura da sempre, prova ancora e soltanto un sentimento di odio e di vendetta. Poi, però, la compassione prende il sopravvento e, subito dopo, Alì si ritrova a soccorrere quelle stesse persone che, da sempre, ha considerato suoi nemici.
  Come interpreti il comportamento di Alì? Pensi che sia possibile covare comunque dell'odio anche in una situazione del genere?

- Jonathan mostra di essere un vero amico e, nonostante Alì gli abbia svelato l'esistenza di un passaggio segreto, non pretende che il ragazzo glielo indichi, lasciando intuire che lascia alla coscienza di Alì la decisione di denunciare l'esistenza di un passaggio alle autorità.
  "*Perché fai tutto questo per me, Jonathan?*"
  "*Perché siamo amici, no?*"
  Pensi anche tu che l'amicizia sia un sentimento che va difeso a qualunque costo? Motiva la tua risposta.

- Rileggi la lettera che la Terza C ha inviato ai loro amici in Medio Oriente, riportane i contenuti che più ti hanno colpito e commentali insieme con i tuoi compagni di classe.

- Alì ha scorto fra la folla i volti di Hussan e di Karim. Ha cercato di non farsi scorgere e Jonathan è intervenuto a "tirarlo fuori dei guai" al momento giusto.
  Immagina, però, che Karim e Hussan abbiano visto Alì soccorrere i nemici della Palestina. Che cosa credi che succederà ora? Con quali argomenti Alì potrà giustificare la sua presenza a Gerusalemme?

Capitolo 21

Un amaro rientro

L'aria umida e calda porta odore di datteri. Alì ha letto la lettera dei suoi amici italiani e la porta con sé, assaporandone il profumo, che sa di ricordi indimenticabili. Ciò che hanno scritto i ragazzi della Terza C gli infonde coraggio e speranza.

Si fermerebbe volentieri per rileggerla, prima di rientrare a casa, ma non c'è tempo: non vuole impensierire la madre. E poi, come sempre, i crampi della fame si fanno sentire.

Quando apre la porta di casa, sua madre ha già preparato un grande vassoio di cuscus alle verdure. L'odore speziato del cibo lo riconcilia con l'atmosfera familiare, facendogli dimenticare le brutture della giornata.

La madre lo guarda con una muta domanda stampata negli occhi: "Dove sei stato"? Ma si limita a dire: – Pensavo che fossi con i tuoi fratelli. Non sono ancora rientrati.

– No. Non li vedo da questa mattina – risponde Alì. E subito pensa: "Cosa sarà successo? Perché non sono ancora tornati?"

Un pensiero angosciante si fa strada senza dargli pace. Ed è lo stesso pensiero che non dà serenità alla madre: entrambi sono preoccupati per i due ragazzi, entrambi temono un attentato che per loro potrebbe significare la morte.

– Lavati e vieni a mangiare.

– Sì, mamma.

Ad Alì non par vero di potersi togliere i jeans macchiati di sangue, che ha tentato di camuffare strofinandoci sopra della terra. Stratagemma che non reggerebbe a un esame più approfondito. E poi, un buon musulmano deve essere pulito quando si accosta al cibo.

– È arrivata una lettera per te – gli dice sua madre.

– Una lettera? Davvero? E chi può avermela scritta?

– Se non lo sai tu. Non è scritta in arabo. Credo che arrivi dall'Italia.

– Dall'Italia? – si entusiasma subito Alì. – Grazie mamma. Dov'è?

Sua madre estrae la lettera dalla tasca della sua lunga gonna nera e gliela porge.

"Povera mamma. Non è facile per lei andare avanti, da quando è rimasta sola! E poi, è preda della preoccupazione per i miei fratelli, della costante angoscia di non vederli rientrare a casa una sera. Ma lei non ha scelta e non può opporsi, nemmeno se lo volesse. Se almeno mi facesse capire che anche lei vuole la pace!"

Però, Alì riflette anche sul fatto che la madre avrebbe potuto non dargli affatto la lettera, che avrebbe potuto addirittura strapparla, e invece gliel'ha consegnata, ben sapendo che per Alì quella lettera ha un significato particolare. Per Alì è il tenue legame con una vita normale, una vita in cui non c'è guerra.

Alì fa appena in tempo a sbirciare il francobollo e a nasconderla quando dalla porta entrano Karim e Abuh. Il volto di Karim è imperscrutabile, e Alì non riesce a capire se lo abbia visto o meno a Gerusalemme. I loro sguardi s'incrociano per un lungo istante, prima che Alì abbassi gli occhi e continui a mangiare.

Finita la cena, Alì cerca di sgattaiolare via all'insaputa di tutti. Vuole inviare subito il solito SMS a Cristina, e poi muore dalla voglia di scoprire chi gli ha scritto.

– Non sparire di nuovo – lo apostrofa la madre.

– Tranquilla mamma. Faccio la mia solita passeggiata.

Alì corre alla ricerca di un luogo appartato e illuminato. Solo qualche fioco lampione illumina le case sbrecciate.

Di tanto in tanto il vuoto lasciato da un'abitazione distrutta, ingombro di macerie che nessuno si preoccupa di spostare, lascia arrivare fino alla strada lame di cielo scuro punteggiate da una miriade di stelle. Alì le guarda e sospira: – Hanno una luce bellissima, ma così fioca e lontana! Mi mettono addosso tanta malinconia, tanta tristezza. Solo qualche giorno prima ci sarebbe stata Nuvola al mio fianco... invece, sono più solo che mai.

Ora che ha visto Roma, sa che al di fuori della Palestina esiste un mondo dove si vive normalmente. Dove quel dramma, che è la sua vita intera, occupa a malapena uno spazio di pochi minuti nei telegiornali. In quel mondo i ragazzi non devono andare in giro armati. I soldati non irrompono nelle case terrorizzando vecchi e bambini. E i giovani possono sognare di avere un futuro che non terminerà con una esplosione o con una pallottola vagante!

SMS per Cristina: "Sto contando le stelle. Ne manca una..."

Risposta: "Le nuvole che qui coprono il cielo, ritardano l'alba dei miei sogni".

Questo pensiero lo mette in fibrillazione. Vorrebbe percorrere il suo passaggio segreto e raggiungere ancora una volta i suoi amici. Ormai conosce il loro indirizzo.

"Ma Gerusalemme sarà piena di soldati. Come al solito" riflette poi. "E non posso correre rischi, né farne correre a loro. E adesso vediamo chi mi scrive. Probabilmente sarà la stessa lettera che la Terza C ha inviato a Jonathan e a Cristina".

Con sorpresa, scopre che è una lettera di Pietro:

"Caro Alì, amico mio, è da parecchi giorni che volevo scriverti, ma ero in dubbio se scriverti in romanesco: mi piacerebbe tanto che tu imparassi il mio dialetto. Ma poi ho pensato che probabilmente non avresti capito una sola parola del mio scritto, e così... eccomi qui.

Innanzitutto, devi sapere che da quando siete venuti a Roma, tu e Jonathan avete infranto diversi cuori fra le ragazze della Ter-

za C. Alcune di loro, in particolare, non fanno che parlare di te. Una delle ragazze, che è molto brava in disegno, ha fatto un tuo ritratto, ricavandolo da una delle fotografie che ci facemmo in gruppo e ingrandendo il tuo volto.

Tutta la classe ti ricorda in modo particolare, e non c'è giorno che la professoressa Morselli non ci propini qualche nozione sulla Palestina e sulla tua gente.

Non ti dico poi i miei genitori... Li hai letteralmente stregati! Continuano a dire, ancora oggi, che sentono la tua mancanza. E mia madre, da quando sei andato via, non fa altro che cucinare il cuscus dicendo: «Ad Alì piaceva tanto. Mi ha perfino detto che io lo cucino meglio di sua madre». Naturalmente non ci credo. Figurati! Il cuscus che prepara la tua mamma sarà certamente migliore!

Oggi è domenica e, mentre ti scrivo, ho la televisione accesa per seguire le partite. Accidenti! La Roma è inchiodata sullo zero a zero.

Qui siamo in vacanza per le festività pasquali. E mentre noi cristiani festeggiamo la Resurrezione di Cristo, preghiamo affinché per voi ci sia la resurrezione della pace e della libertà. Suor Margherita dice che nella Luce Divina, gli essere umani non sono più né ebrei, né cristiani, né musulmani, ma semplicemente «uomini liberi» per la gloria del proprio Dio.

Ora devo lasciarti, ma conto di scriverti presto. Un abbraccio dal tuo amico Pietro.

PACE! SALAM! SHALOM! PEACE!

Alì è così preso dalla lettura da non accorgersi di Karim e Hussan, che gli piombano addosso sommergendolo con una gragnòla di calci e pugni. Alì non riesce a divincolarsi. Con loro ci sono anche Kaled, Abuh e Sultan.

– Credevi che non ti avessimo visto, vero? – la voce fremente d'ira di Karim non interrompe la sequenza di botte.

Alì tenta di alzarsi e di scappare, ma Karim e Hussan lo immobilizzano. Cade a terra. Un fiotto di sangue gli esce dalla bocca e si impasta con il sapore della terra di Palestina.

– Credevi di farla franca, vero? Ma ti abbiamo visto! Eri lì ad aiutare i nostri nemici!

– Alì ha tradito la nostra causa – Hussan parla lentamente, ma con autorità. – E anche tu Karim? Come intendi discolpare la tua famiglia dal disonore? Certo voi tutti sapevate...

– No, Hussan – lo interrompe Karim. – Mia madre non sa niente e non deve saperlo! Morirebbe dal dolore! E neppure Abuh e io ne eravamo a conoscenza, te lo giuro. Alì è sempre stato imprevedibile e un po' strano. L'altro giorno, quando l'ho visto nei pressi del camminamento, quello che abbiamo scoperto la settimana scorsa, sono venuto subito a dirtelo. Io non tradirei mai la nostra causa. E questo lo sapete tutti.

– E tu come sapevi del passaggio segreto? – chiede Hussan ad Alì.

– L'ha scoperto Nuvola. Io non sapevo neppure che esistesse – si giustifica il ragazzo.

– Zitto, traditore – lo apostrofa Karim.

– Amico dei nemici... – aggiunge Kaled.

– Che scappi di casa per soccorrere i nostri aguzzini – gli fa eco Abuh.

– No! Io ero a Gerusalemme per caso. Sono stato costretto a soccorrere i feriti solo per non essere scoperto – dichiara Alì. – Io non tradirei mai...

– E che ci facevi a Gerusalemme?

– Mi ci sono trovato... Volevo vedere fin dove arrivava il camminamento. Io desidero la pace, è vero. Ma non sono un traditore.

– Quale pace? Non c'è pace senza la Palestina libera...

– ... e gli Ebrei ricacciati in mare.

– ... I nostri nemici. Quei nemici che tu stavi aiutando!

– Vi ho già detto che l'ho fatto solo per non destare sospetti – ripete Alì. – Se mi avessero scoperto, a quest'ora avrebbero già invaso il villaggio.

– Che vengano! Siamo pronti. Li aspettiamo – sostiene garrulo Karim.

– Chi? Tu e la tua famiglia di traditori? – incalza Hussan, fissando negli occhi Karim.

– Ti sbagli Hussan. Nessun altro della mia famiglia è un traditore! Io mi immolerei anche subito per Allah, il misericordioso. E ti dimostrerò con il mio sangue la mia passione per il martirio.

– Ma io neanche sono un traditore – continua a ripetere Alì. – Non potrei mai esserlo.

– E invece lo sei – sostiene Karim, raccogliendo la lettera che Alì ha fatto cadere. – Eccone la prova!

– Cosa devo fare con te – sibila Hussan guardando Alì dritto negli occhi. – Intanto il cellulare si è messo a suonare. – Da dove viene questa musica? Che cos'è, una radio? Una ricetrasmittente?

– Ecco che cos'è! – esclama Kaled, dopo aver frugato nella tasca dei jeans di Alì. – È un cellulare!

Karim glielo strappa di mano e, con rabbia, lo calpesta fino a ridurlo in briciole. – Ecco come si trattano gli strumenti degli infedeli. Alì non ha mai posseduto un cellulare, Hussan. Devono averglielo regalato gli ebrei o gli italiani.

– Già. E grazie a te, ora non sapremo mai con chi era in contatto tuo fratello. Siete tutti traditori! Ecco che cosa siete. E non negarlo, perché peggioreresti la situazione.

– No! Non è vero! Credimi Hussan!

– Non mi dirai che tuo fratello poteva tenere in casa un cellulare senza che nessuno in famiglia se ne accorgesse?

– È così! Noi non ne sapevamo nulla – interviene Abuh.

– È vero, loro non sapevano dell'esistenza del cellulare – dichiara Alì, in difesa della sua famiglia. Poi aggiunge: – Con il telefonino io... mi tenevo in contatto con i miei amici italiani... Me lo avete chiesto voi...

– E allora perché lo tenevi nascosto? – gli chiede con veemenza Karim.

– Perché è una spia! Ecco perché – dice Hussan.

– No! Non è vero. Non sono una spia!

– Allora ce ne darai la prova. Sarai il martire designato per l'attentato di domani – sentenzia l'uomo.

– No, Hussan! Ti prego, lascia che sia io a morire per la nostra terra. Lascia che sia io il martire.

Dopo aver riflettuto, Hussan dichiara: – Va bene. Allora sarai tu a immolarti per la gloria di Allah.

– *Allah akbar!* Grazie Hussan.

– Preparati. Sarà il tuo domani senza ritorno.

– E che ne sarà di Alì? – chiede Abuh, con tono accorato.

– Più in là toccherà anche a lui. Per il momento, rinchiudetelo in quel capanno laggiù. Ci sono delle corde. Legatelo e fate in modo che non possa scappare. Non possiamo rischiare che avvisi i suoi amici ebrei!

Da un minareto lontano, il vento accompagna le litanie di un *muezzin*. In silenzio, i ragazzi incominciano a pregare.

Scheda di verifica

📖 IL TESTO

1. *Riassumi brevemente le sequenze del capitolo cui abbiamo dato un titolo.*

1. L'atmosfera di casa

   ....

   ....

2. Una lettera per Alì

   ....

   ....

3. Dopo cena

   ....

   ....

4. Fra riflessioni e SMS

   ....

   ....

5. La lettera di Pietro

   ....

   ....

6. Un "fulmine" a ciel sereno

   ....

   ....

7. La promessa di Hussan

   ....

   ....

I PERSONAGGI

Hussan e Karim

2. *Questi due personaggi inveiscono ferocemente contro Alì. Hussan, inoltre, accusa di tradimento anche Karim e la sua famiglia. Riporta nella tabella i comportamenti che entrambi adottano nei confronti di Alì, quelli che Hussan assume contro Karim e la reazione di quest'ultimo quando si sente accusato ingiustamente.*

Situazione	**Comportamento**
Hussan e Karim contro Alì	....
Hussan accusa Karim	....
Karim accusato ingiustamente	....

La mamma di Alì

3. *La mamma di Alì è un personaggio dalla personalità un po' complessa. In alcuni momenti appare dura e, per certi aspetti, anche crudele, in altri momenti trapelano l'affetto e la preoccupazione per i suoi figli e per quello che può riservare loro il futuro. Scrivi nella tabella il comportamento che disapprovi e quello che invece apprezzi della mamma di Alì.*

La disapprovo quando	**La apprezzo quando**
....	....
....	....
....	....
....	....
....	....
....	....
....	....

I LUOGHI E L'AMBIENTE

4. *"...Solo qualche fioco lampione illumina le case sbrecciate. Di tanto in tanto il vuoto lasciato da un'abitazione distrutta, ingombro di macerie che nessuno si preoccupa di spostare, lascia arrivare fino alla strada lame di cielo scuro punteggiate da una miriade di stelle...".*
Prova a raffigurare con un disegno la scena sopra descritta.

LA PRODUZIONE

- Alì riflette sul fatto che, dopo essere stato in Italia, "... al di fuori della Palestina esiste un mondo dove si vive normalmente. Dove quel dramma, che è la sua vita intera, occupa a malapena uno spazio di pochi minuti nei telegiornali. In quel mondo i ragazzi non devono andare in giro armati. I soldati non irrompono nelle case terrorizzando vecchi e bambini. E i giovani possono sognare di avere un futuro che non terminerà con una esplosione o con una pallottola vagante!"
  In Italia, dove non c'è la guerra, ci sono altri problemi che assillano i giovani? Quali sono?

- Alì è stato percosso da un uomo senza scrupoli e vittima solo del proprio fanatismo. E da Karim, suo fratello, sangue del suo sangue. Ciò nonostante, Alì è pronto a difendere la sua famiglia quando Hussan accusa di tradimento anche i suoi fratelli.
  Come avresti agito al posto di Alì? Come giudichi, invece, la reazione di Karim, che, pur essendosi scagliato contro il fratello, si offre di essere designato per il prossimo attentato? Ritieni che il suo sia esclusivamente il bisogno di realizzare lo scopo della sua vita, oppure pensi che questo gesto nasconda un atto di protezione nei riguardi di Alì e della famiglia?

Capitolo 22

Follia senza ritorno

Alì si sveglia di soprassalto. La preghiera del mattino, che la voce di un *muezzin* fa arrivare fino a lui, lo spinge ad alzarsi per inginocchiarsi. Ma non può farlo. È legato come un pacco. Non può muoversi.

Si guarda attorno. Si trova in un capanno che, probabilmente, in passato è servito come deposito per attrezzi agricoli. O, forse, anche da stalla, come testimoniano gli escrementi dissecati, ma ancora maleodoranti, che incrostano parte del pavimento in terra battuta.

Una terribile sensazione di solitudine lo assale, mentre il ricordo va al nonno di Miriam, alla storia della Shoah. La stella a sei punte in tessuto giallo, il marchio della vergogna che tutti gli ebrei erano costretti a indossare prima di essere deportati. I forni crematori, le sevizie subite... Ora sente molta pietà per quel popolo cui appartiene Jonathan, il suo amico del cuore.

Alì si agita nel tentativo di districarsi dalle corde che lo stringono. Kaled, Sultan e Abuh lo hanno legato e lasciato lì, in quel capanno da cui ora, attraverso una fessura sul tetto, si affaccia un tenue raggio di sole.

Prova a slegarsi e si accorge che i nodi sono allentati. Il pensiero va subito a suo fratello e ai suoi amici.

“Caro Abuh, fratello mio, e anche voi, Kaled e Sultan. Dovevo immaginare che mi avreste aiutato in qualche modo. Ora più che mai, so che mi volete bene!”

Si slega con facilità e ringrazia Allah.

Ma ora deve trovare il modo di uscire. La porta del capanno è chiusa. Alì prova ad aprirla con una forte spallata, ma non ci riesce. Riprova ancora una volta, poi un'altra ancora. Niente. La testa gli gira, la schiena gli duole. Ha le vertigini. Si lascia cadere sul pavimento, sfinito.

Il suo pensiero corre a Karim. Lo immagina intento a pregare, per purificarsi prima di raggiungere il paradiso. Poi, l'ultimo tè preparato con cura particolare. La foto che lo ritrae con la fascia attorno alla fronte, già pronta per essere attaccata al muro, accanto a quella del padre.

Karim e Hussan sono saturi di odio per chiunque non faccia parte della loro fazione. Questo Alì lo sa bene. E non si dà pace.

– Non devo pensare. Non voglio pensare a nulla, se mi metto a pensare, impazzisco! Impazzisco! – urla con quanto fiato ha in gola.

Da lontano, alcuni ragazzi cantano con orgoglio e passione l'inno nazionale palestinese. Alì si unisce al canto:

"*La Palestina è la mia casa,*
la Palestina è il mio fuoco
la Palestina è la mia rivincita
ed è la terra dell'eternità.
Paese mio, paese mio
nazione eterna.
Giuro all'ombra della bandiera,
alla mia terra e alla mia nazione
e al fuoco del mio dolore:
vivrò da guerrigliero,
e continuerò da guerrigliero
e morirò da guerrigliero
finché non ritornerò.
Paese mio, paese mio
la nazione dell'eternità".

“Forse l’inno sta accompagnando Karim” pensa Alì angosciato. “E la mamma? Nostra madre, come sta reagendo? Cercherà di fermarlo? Mai, nessun genitore, nemmeno in questo inferno chiamato Terra Santa, potrebbe benedire un figlio che va a morire in quel modo. E si starà chiedendo dove sono finito io? Oppure i carri armati israeliani hanno fatto irruzione per distruggere quello che è rimasto del villaggio e portato via a viva forza lei e i miei fratelli?”

Il tormento lo carica di nuova energia e, con la forza della disperazione, sferra un calcio così potente che la porta alfine cede.

Finalmente è libero! Respira a pieni polmoni. Il pensiero vola a Karim e alla sua infinita volontà di annientamento. Una rabbia nuova, improvvisa lo assale.

Alì sa bene che i giovani e i bambini sono le vittime privilegiate del terrorismo. E si convince che non è necessario essere colpevoli per provare vergogna.

Deve fare qualcosa per fermare lo scempio che sta per compiersi. Deve reagire! Deve fermare Karim. Si avvia verso il camminamento segreto. Sa che quello che sta per fare è un gesto che nessun palestinese approverebbe. Forse neanche sua madre. Ma sua madre lo perdonerà quando gli riporterà sano e salvo Karim.

Ma ora deve affrettarsi. Ha un brutto presentimento. Potrebbe non arrivare in tempo.

“Certo, se mi fossi lasciato indottrinare per bene anch’io, adesso mi basterebbe annodarmi la fascia da martire sulla fronte e farmi esplodere per decollare verso il paradiso... Ma io voglio vivere! E se dovrò morire, morirò da uomo!”

Le riflessioni di Alì lo distraggono dalla visuale del suo percorso. Quindi non si accorge di Karim che, correndo, si sta dirigendo verso il camminamento, se non quando il fratello urla forte il suo nome.

– Alì, preparati. Presto toccherà a te!

– Karim, fratello mio non farlo! Aspetta! Fermati! Ti devo parlare. Io non sono un traditore. E tu puoi servire Allah anche senza ucciderti! Fermati, ti prego!

Ma Karim accelera la sua andatura e sparisce nella folta vegetazione che nasconde l'entrata del loro percorso segreto.

Alì lo segue, ma ogni passo gli procura dei dolori atroci alla gamba e alle costole per le percosse subite la sera prima. A tratti si ferma per chiamare a voce alta il fratello. Ma Karim non risponde, né rallenta la sua marcia verso il martirio.

Sempre tallonato da Alì, Karim guadagna terreno e ben presto si ritrova in Gerusalemme. La strada porta ancora i segni di una battaglia. L'asfalto è scheggiato e pieno di crateri aperti dalle esplosioni. Si ferma. Esita. Riprende a camminare lentamente.

Alì intanto è convinto di averlo ormai raggiunto. È così felice che non si accorge del rapido spostamento del fratello. Ora lo vede immobile davanti alla fermata di un autobus vicino a una scuola da dove sciamano giovani studenti con gli zaini in spalla. Alì sa cosa sta per accadere. Apre la bocca per urlare, ma le parole gli si fermano in gola.

"Karim fermati! Non farlo! Loro non c'entrano. Non perdere la speranza! Ci sarà un domani migliore! Ci sarà uno stato palestinese! Vedrai!"

Tutto questo vorrebbe gridargli. Ma non ce la fa. Gli occhi gli si riempiono di lacrime. Comincia a piangere convulsamente. Inciampa, cade. Qualcuno vuole aiutarlo ad alzarsi. È un ragazzo come lui al quale fa cenno di fuggire.

A un tratto pensa che tra quei ragazzi potrebbero esserci i suoi amici. Prova a gridare i loro nomi ma, ancora una volta, la voce gli si smorza in gola. Gli occhi lucidi di pianto non gli permettono di mettere a fuoco Karim. Si stropiccia gli occhi. Lo vede.

"Sia ringraziato Allah, è ancora fermo. Forse non ha il coraggio di farlo. Forse ci ha ripensato."

Come in un film, rivede le scene del giorno prima, proprio a Gerusalemme: uomini, ragazzi, donne e bambini sanguinanti con la paura negli occhi! Forse la stessa paura che ha lui ora.

Si sente gracchiare un corvo. È un cattivo presagio. Ma Alì non si arrende. La gamba destra gli duole, ma lui riprende a correre. Non chiama più il fratello. Pensa di raggiungerlo in tempo per bloccarlo.

Anche Karim, come tutti i suoi coetanei, pensa di poter incidere sul destino della Palestina, facendo saltare in aria con lui una moltitudine di Ebrei.

"Sono tutti animati dall'aspirazione al 'martirio' per difendere la causa dell'Islam" pensa Alì. "Nella mia classe ce ne sono tanti, tutti convinti di compiere l'estrema missione della loro vita. Un viaggio senza ritorno, che spalanca loro le porte del Paradiso".

Il cielo è di un blu intenso e il sole continua il suo giro.

Il caldo comincia a farsi sentire. Alì è accaldato e ansimante.

Rallenta la sua corsa disperata. Sussurra come in una preghiera il nome del fratello, ormai poco distante.

– Karim! Aspettami! Sono qui...

– Non ancora fratello! – Karim è convinto di avere portato il fratello nella sua causa. Gli sorride.

I ragazzi vocianti si apprestano a salire sull'autobus che si è appena fermato.

In quell'istante Alì realizza che tutto è perduto. Raccoglie le ultime forze e, con tutta la sua disperazione, urla come un dannato:

– Kariiiiiiiiim! Nooo!

Per una frazione di secondo, tutta la strada risuona del suo urlo straziante.

Karim si volta verso Alì, poi emette un grido furioso e si lascia eplodere con un boato che si trasforma in una sfera di fuoco.

Alì non vede e non sente più niente. Il suo volto ha perduto in un istante la freschezza della sua età.

Scheda di verifica

IL TESTO

1. *Usando le seguenti terne di parole, forma delle frasi che abbiano attinenza con il capitolo che hai appena letto.*

1. Alì - preghiera - legato

....

....

2. agita - corde - allentati

....

....

3. capanno - spallate - pavimento

....

....

4. pensiero - Karim - inno

....

....

5. angoscia - camminamento - fratello

....

....

6. passo - dolori - Gerusalemme

....

....

7. fermata - scuola - studenti

....

....

8. disperazione - urlo - boato

....

....

I PERSONAGGI

2. *Descrivi lo stato d'animo o il comportamento di Alì nelle situazioni che ti presentiamo.*

– Quando si accorge che i nodi delle corde che lo tengono legato sono allentati ....

....

– Quando, mentre ascolta l'inno nazionale, pensa ai preparativi di rito cui si starà sottoponendo Karim ....

....

– Quando, finalmente libero, decide di fermare Karim ....

....

– Quando è ormai convinto di aver raggiunto il fratello ....

....

– Quando pensa che fra gli studenti potrebbero esserci anche i suoi amici ....

....

– Quando si rende conto che nulla potrà fermare Karim ....

....

LA PRODUZIONE

– La strage si è compiuta. Alì ha fatto il possibile per tentare di fermarla, ma non ci è riuscito. Probabilmente non ci sarebbe riuscito neppure se avesse raggiunto Karim e se fosse riuscito a parlargli. Prova, se ci riesci, a scrivere una "lettera a un kamikaze" per convincerlo che la morte non è una soluzione, per infondergli fiducia, speranza e amore per la vita.

Capitolo 23

La forza dell'amicizia

L'odore del disinfettante è forte, penetrante. Il ritmo delle macchine che stanno monitorando il cuore di Alì è rassicurante. L'ufficiale medico sta preparando una flebo. Pratica un'endovena. Blocca l'ago con un cerotto, collega l'imboccatura alla cannula di gomma della flebo e apre la valvola. Il sangue scorre lentamente, goccia a goccia.

– Ha perso molto sangue. È vostro figlio? – domanda l'ufficiale medico.

– No. È un amico di mia figlia e di mio nipote – risponde il signor Riccardo, accorso assieme alla moglie, a Cristina e a Jonathan appena gli hanno telefonato.

– È un ragazzo coraggioso. Mi hanno detto che ha fatto di tutto per dissuadere il kamikaze. Purtroppo, sono le conseguenze di una guerra che non finirà mai – conclude il medico.

– E di un odio che si rinnova ogni qualvolta succede una tragedia del genere – commenta il signor Riccardo.

– Hai visto mamma, i pazienti dell'ospedale sono per la maggioranza bambini e ragazzi – osserva Cristina.

– Sì, questa è la cosa più triste – commenta la madre.

Uomini e donne dall'aria smarrita assistono silenziosi i loro cari. Le donne sono vestite di nero dalla testa alle caviglie.

Alì è sotto sedativo. Si sente il suo respiro lento e pesante.

– La guerra è l'origine di tutti i problemi, dalla fame alle malattie – sospira Jonathan.

Un chirurgo entra nella stanza. L'ufficiale medico lo accompagna al capezzale di Alì.

– Ha una brutta ferita al piede, dottore – dice l'ufficiale medico al chirurgo. – Temo che possa andare in cancrena e che saremo costretti ad amputarglielo...

– Oh, mio Dio! – Cristina, inorridita, si rifugia fra le braccia della madre.

Il chirurgo visita con estrema meticolosità Alì, poi dichiara:

– Il ragazzo ha il cuore forte e se la caverà.

– E il piede? – domanda apprensiva la signora Sara.

– Ha una brutta ferita, ma non credo che andrà in cancrena. Il piede non gli verrà amputato – risponde il chirurgo.

– Grazie a Dio! – sospira Cristina. Poi, per la tensione, scoppia in lacrime, nascondendosi il volto tra le mani.

– Ti prego, Cristina, calmati. Non vorrai che Alì ti veda piangere? Potrebbe preoccuparsi – la rimprovera dolcemente la signora Sara.

Alì percepisce distintamente le voci, ma non riesce ad aprire gli occhi. Sente le palpebre molto pesanti. Cerca di muovere la testa per guardarsi attorno.

– Alì, mi senti?

– Non può risponderti, cara.

La voce della mamma di Cristina arriva ad Alì molto chiara. Il ragazzo apre gli occhi.

– Guarda, sta meglio, hai visto Cristina? Devi essere contenta – esclama la signora Sara, accarezzando con tenerezza la figlia.

– Alì – sussurra Cristina, sfiorandogli una mano. – Mi senti Alì?

– Dove... sono?

– Stai tranquillo. Sei in uno dei migliori ospedali di Gerusalemme.

– Perché... perché mi trovo qui?

– Sei rimasto ferito...

– Karim? Dov'è Karim?

Cristina e Jonathan si scambiano uno sguardo significativo.

– Alì, tu sai benissimo che Karim non poteva sopravvivere all'esplosione – gli dice sottovoce Jonathan. – Con lui sono morti anche dieci bambini e sette adulti.

– No! Perché? Perché? Allah, Allah! Perché?

– Alì, caro Alì, ti prego, calmati – lo esorta amorevolmente la signora Sara.

– Non ti tormentare più al pensiero di Karim, Alì, ti prego. Ora pensa a guarire. Sei qui e sei vivo – tenta di rassicurarlo Cristina.

– Non posso restare qui. Mia madre mi crederà già martire.

– Tu non hai bisogno di diventare martire. Ne abbiamo parlato a lungo, ricordi? – gli dice con dolcezza Cristina.

– Ma perché mi hanno portato qui? Come mai non mi hanno lasciato morire?

– Avevi in tasca il biglietto con il mio indirizzo e il numero telefonico. Avranno pensato che fossi nostro parente.

– Allora mi hanno scambiato per un Ebreo! Per questo mi hanno soccorso.

– Ti avrebbero soccorso comunque, Alì – lo rassicura il signor Riccardo.

– Lo abbiamo già detto tante volte, Alì: di fronte al dolore gli uomini sono tutti uguali – gli sussurra Cristina.

– Ma gli Ebrei continueranno a essere nostri persecutori...

– Solo per non essere perseguitati a loro volta – gli risponde Jonathan.

– Oggi raccogliete i vostri morti. Domani raccoglieremo i nostri.

– Non dovresti dire queste cose Alì...

– Sapete bene che la rappresaglia israeliana ucciderà altri bambini palestinesi.

– Alì, non ci pensare. Può essere che...

– Lasciatemi tornare a casa, tra la mia gente, nella mia terra... – lo interrompe Alì. – *Patria mia, patria mia, oh mia terra...*

– Sst! Smettila, Alì. Non puoi canticchiare qui il tuo inno nazionale.

– Sono in pericolo, vero? Presto verranno a prendermi per rinchiudermi in un carcere fino a...

– No, nessuno ti rinchiuderà in un carcere, Alì – lo rassicura ancora una volta Cristina. – Ti prego, non avere paura, non tremare...

– Non ho paura. Io... ho freddo... Tanto freddo...

– Credo che abbia la febbre – dice la signora Sara, toccandogli la fronte sudata.

Alì si rannicchia in un angolo del letto e, solo allora, si accorge della flebo, che continua a iniettare sangue.

– È sangue ebreo, vero?

– Alì, non dimenticarlo mai: il sangue è umano.

La signora Sara gli rimbocca le coperte e gli misura la temperatura. La febbre è alta. La donna prende un panno e lo sommerge in una bacinella di acqua fredda. Lo strizza e glielo appoggia sulla fronte.

Alì la guarda con gratitudine. Poi socchiude gli occhi.

– Perdonatemi... Quanto disturbo... Ditemi quando potrò tornare a casa... Devo pensare alla pace... alla pace... alla pace...

– Sta delirando – sussurra Jonathan.

– Mamma, dove sei?... Abuh... Non diventerai un martire... No... Non voglio... Hussan, Hussan... Non riuscirai a convincerci... Il vento... il fuoco del fucile... Kaled... Sultan... anche voi... Insieme ce la faremo... Insieme ce la faremo... Paese mio, paese mio, nazione e terra... ter...

– Si è riaddormentato – sussurra Cristina.

– Meglio così – commenta la signora Sara, immergendo nuovamente il panno nella bacinella d'acqua. – Ora la temperatura si sta abbassando.

– Appena starà meglio lo porteremo con noi, a casa – dice Jonathan.

– Non illudiamoci, Jonathan. Alì non resterà con noi – afferma il signor Riccardo.

– Ma forse... per l'affetto che prova per Cristina...

– No, Jonathan, neppure per l'affetto che proviamo l'uno per l'altra – afferma Cristina. – La nostra amicizia è un sentimento profondo che, con il tempo e con l'età, non potrà che rafforzarsi. Ma non sarebbe giusto. Lui deve pensare al suo Paese, alla sua famiglia, agli ideali per i quali sta lottando... E io non potrei mai metterlo di fronte a una scelta. Non sarebbe leale...

– Cristina, Cristina, parlami...

– Si è svegliato di nuovo.

– Dimmi qualcosa, Cristina... qualcosa che mi faccia sentire che sono vivo...

– Sei vivo, Alì – Cristina gli stringe forte la mano, e sorride.

– Quando potrò tornare a casa?

– Presto, Alì. Presto.

– Sì, Alì. Non temere – interviene anche Jonathan. – Mio padre è un poliziotto e farà di tutto perché tu possa ritornare nel tuo Paese e riabbracciare al più presto tua madre.

– Ma noi... la nostra amicizia...

– La nostra amicizia sarà più forte di qualunque guerra, di qualunque bandiera, di qualunque religione – Jonathan gli stringe con forza la mano. – La nostra amicizia sarà l'inizio di un messaggio di pace. Una pace sempre agognata e che presto, sono sicuro, arriverà.

– Grazie. Che Allah, il misericordioso, vi protegga.

– Ora cerca di riaddormentarti, Alì. Devi riposare – si raccomanda il signor Riccardo, premuroso.

– Non posso... Devo pregare...

– Allora ti lasciamo alle tue preghiere, Alì – dice la signora Sara, accarezzandogli la fronte.

– Ma torneremo domani – lo rassicura Cristina.

– Sì, e staremo tutto il giorno con te – le fa eco Jonathan.

Prima di lasciare Alì alle sue preghiere, Cristina gli stringe ancora una volta con tenerezza la mano. E, ancora una volta, lo rassicura:

– Abbi fiducia, Ali, sento che la pace ci sarà presto. E, quando arriverà, ci saluteremo così: "Salam a te fratello!".

– E io risponderò: "Shalom a te sorella!".

Cristina e Alì si abbracciano con forza, mentre la sagoma assonnata della luna entra con discrezione nella stanza e accompagna i sogni dei due ragazzi.

Scheda di verifica

🕮 IL TESTO

1. *Indica con una crocetta quali delle seguenti affermazioni sono vere* (V) *e quali sono false* (F).

	V	F
– Per evitare problemi il signor Riccardo mente all'ufficiale medico dicendo che Alì è suo figlio.	❑	❑
– Cristina nota che i pazienti dell'ospedale sono in maggioranza bambini e anziani.	❑	❑
– Il chirurgo, dopo aver visitato Alì, dichiara che il ragazzo ha il cuore forte e che se la caverà.	❑	❑
– Appena sveglio, Alì chiede notizie di Karim.	❑	❑
– Jonathan dice ad Alì che con Karim sono morti dieci bambini e sette adulti.	❑	❑
– Il signor Riccardo dichiara che, se non lo avessero scambiato per un Ebreo, Alì non sarebbe stato soccorso.	❑	❑
– Alì sostiene che la rappresaglia israeliana si vendicherà dell'attentato.	❑	❑
– Cristina assicura Alì che non sarà rinchiuso in carcere.	❑	❑
– Cristina mente dicendo che il sangue che stanno iniettando ad Alì non è ebreo.	❑	❑
– La signora Sara, dopo aver misurato la temperatura di Alì, corre a chiamare un infermiere.	❑	❑
– Jonathan suggerisce di riaccompagnare subito Alì dalla sua famiglia.	❑	❑
– La signora Sara consiglia ad Alì di non recitare le sue preghiere perché potrebbero scoprire che non è Ebreo.	❑	❑
– Cristina e Alì si salutano scambiandosi un messaggio di pace.	❑	❑

I PERSONAGGI

2. *Ora che sei arrivato alla fine della storia, scegli tre personaggi del racconto che ti hanno maggiormente colpito e spiega perché.*

PERSONAGGIO 1: ....

Mi ha colpito perché: ....

....

....

PERSONAGGIO 2: ....

Mi ha colpito perché: ....

....

....

PERSONAGGIO 3: ....

Mi ha colpito perché: ....

....

....

LA PRODUZIONE

– Quando Jonathan ipotizza che, per amore di Cristina, Alì potrebbe restare con loro, Cristina afferma che non sarebbe leale da parte sua mettere Alì di fronte a una scelta così importante. Che Alì deve innanzitutto pensare al suo Paese, alla sua famiglia e agli ideali per i quali sta lottando.
  Commenta la coraggiosa dichiarazione della ragazza.

– Il significativo messaggio di pace che si scambiano i due ragazzi, prima di salutarsi con un abbraccio, non cancella certo i disagi che incontreranno nel loro futuro.
  Nel suo delirio, in cui Alì lancia un chiaro segnale di rivalsa contro Hussan, si intuisce la sua voglia di ribellione. Ma cosa credi che accadrà, una volta tornato nella sua terra? Con quali strumenti potrà sconfiggere il fanatismo di Hussan?

Indice